ことばの仕組み

最新英語言語学入門

西原哲雄
松原史典
南條健助　共編

KINSEIDO

Kinseido Publishing Co., Ltd.
3-21 Kanda Jimbo-cho, Chiyoda-ku,
Tokyo 101-0051, Japan

Copyright © 2005 by Tetsuo Nishihara
                    Fuminori Matsubara
                    Kensuke Nanjo
                    Yoji Toyoshima
                    Kiyoshi Takahashi

All rights reserved. No part of this publication may be reproduced, stored in a retrieval system, or transmitted, in any form or by any means, electronic, mechanical, photocopying, recording or otherwise, without the prior permission of the publisher.

First published 2005 by Kinseido Publishing Co., Ltd.

はしがき

　本書は、これから言語学・英語学を学ぼうとする入門者にとって、できるだけ簡潔で分かりやすいテキストとなるように願いを込めて書き下ろされたものである。通年または半年の授業で使用するテキストとして、可能な限りページ数を減らし、専門用語も必要不可欠なものに限り、できるだけ最新の言語理論を紹介することに努めた。ただ、実際の体験から、学習者が理解に苦しむと思われる内容については、詳細な記述を心がけた。また、各章末の参考文献には、推薦できる入門書を＊印を付けることで列挙している。こうした意味で、本書をとおして、入門者が言語学・英語学の面白さを理解し、さらなる研究心を抱いてくれることを期待している。

　人間には、視覚や聴覚などの能力と同じように、言語をつかさどる能力が生得的に備わっている。また、人間は、有限の情報量から、今まで聞いたこともないような文を無限に生み出すこともできるし、必要な情報を巧みに選び出して相手や場面に応じて適切な表現を使い分けることもできる。では、我々はこうした人間特有の言語能力によって、いったいどのようにして脳の中で語や文を作り出し、その意味を理解し、それを音声や文字として表現するのだろうか。そして、表現された「ことば」は様々な環境や談話においてどのように運用されるのだろうか。こうした問題に何らかの解答を与えるために、本書は言語学・英語学の中核をなす統語論、形態論、意味論、音韻論の基礎を丁寧に解説するとともに、音声学と語用論の基礎をも分かりやすく記述している。本書の構成は次のとおりである。

　第1章「統語論」では、できる限り、最新の生成文法理論であるミニマリスト・プログラムの枠組みに基づいて記述を試みた。特に、構成素と文法範疇、併合による句・文の派生、補部・付加部の相違、構造的曖昧性と修飾関係、定形節と非定形節、基本文（肯定文・否定文・疑問文）の派生、受動構文と繰り上げ構文の派生、移動の制約などに焦点をあてた。本章の内容は、初めて統語論に接する学習者にとっては欠くことのできない基本的知識であると言えよう。本章の執筆にあたり、貴重なご意見やご助言を頂いた安藤貞雄先生、大島新先生、Andrew Radford先生の各先生には、この場をお借りして心から感謝の意を表したい。また、何度も快く校正を手伝ってくれたゼミ生の井出小百合さん、清水隆宏君、髙科鮎子さん、伊藤瑞孝君、亀井章人君、蒋恵さん、玉木晋太君、三宅綾子さん、村口典子さんには心よりお礼を申し上げたい。

　第2章「音声学・音韻論」では、音声学と音韻論はそれぞれどのような学問で、なぜこの両者が必要であるかという根本的な問題から出発し、言語学における音声の研究について考察する。音声学については、発音のメカニズムなどの基本的概念を説明するとともに、英語の音声を日本語の音声と比較しながら分析している。音声学の知識は英語の発音やリスニングの上達にも役立つものである。一方、音韻論については、生成音韻論のいくつかの重要な提案を概観するとともに、近年、音韻論に大きな変革をもたらし、他の多くの分野にも影響を及ぼしている最適性理論の基本的な考え方を

紹介している。

　第3章「形態論」では、英語を中心に、いくつかの言語を材料として、形態論という分野の様々な現象を解説している。本章は次の3つの目的を基に構成されている。第1の目的は、形態論の分野において知っておく必要がある基本的概念をできるだけ網羅し、紹介することである。第2に、形態論の構造を反映している具体的な実例を提示して、その仕組みをできるだけ平易に説明することである。第3に、専門の研究書や論文に見られる最新の考え方や研究成果を分かりやすく紹介することである。

　第4章「意味論」は、意味とは何かについて、どのような考え方に立脚して意味論が立てられているのかというパースペクティブから、構造的意味論、形式意味論、概念意味論、認知意味論を取り上げて概説している。現代の意味論は多くの理論が多様な研究から生まれ、多様な研究成果をもたらしている。これら全てについて本章で紹介することは不可能であるが、どんな意味理論を学ぶ際にも必要になる基本的知識を与えてくれるものとして上記の諸理論が選ばれている。また、必要以上に些末な知識にこだわらず、全体の輪郭が見えるように意図されている。

　第5章「語用論」は、発話行為理論、会話仮説理論、ポライトネスの理論、関連性理論という現代の4つの語用論理論を概説したものである。ここでもひとつのパースペクティブを与えるため、歴史的に理論が発展してきた順番に並べてある。語用論という若い学問分野が意味論とは違ったものとしてどんな言語現象を問題として発展してきたかは、その歴史的視点なしには十分な理解が及ばないと考えられるからである。これら4つの理論の中でも、ポライトネスの理論に関連して、英語教育への配慮から、様々な具体的表現をなるべく多く紹介している。授業で本書を利用される先生方や学習者が、さらに多くの例を参照しやすいように、本章で紹介されているポライトネスの方策の数字は、Brown and Levinson (1987) の示す数字に合わせてある。

　各章の執筆分担については次のとおりである。第1章を松原、第2章を豊島、第3章を西原、第4-5章を高橋がそれぞれ担当した。なお、本書の主たる編者は西原・松原の二人であり、南條は、草稿の段階でそれぞれの章に目を通し、内容や文体に関して若干のコメントを加えたに過ぎない。ただし、コメントに応じて原稿を修正するか否かは、最終的には各執筆者の判断に委ねられた。したがって、各章における一切の不備や誤りは、それぞれの執筆者の責任である。参考文献の記載方法については、厳密に統一するように努めたが、時間の制約上、若干の不統一が残ってしまった。このことは、編者の責任である。各章に対して、有益なご意見やご助言を頂いた諸先生方及び友人達には、この場をお借りして心より感謝の意を表したい。本書がいくばくなりとも、初めて言語学・英語学に接する学習者の興味をかき立て、さらに高度な研究へといざなうことができたならば、本書執筆の目的は十分に達成されたと言える。

　最後に、本書の出版を快くお引き受けくださった金星堂のご厚意と佐藤求太氏の周到なお心配りに対して、心からお礼を申し上げたい。

編著者一同

目　次

はしがき

第1章　統語論 ———————————————— 1

1. 統語論とは　/ 1
2. 構成素　/ 3
3. 併合と句構造　/ 6
4. 文法範疇　/ 8
5. 句の基本構造　/ 10
6. SからTPへ　/ 14
   - 6.1　定形節　/ 14
   - 6.2　非定形節　/ 17
7. 補部と付加部　/ 20
8. 構造上の曖昧性　/ 24
9. 主要部移動　/ 26
   - 9.1　TからCへの主要部移動　/ 26
   - 9.2　VからTへの主要部移動　/ 29
   - 9.3　do移動　/ 31
10. wh移動　/ 34
11. さらなる移動の制約　/ 38
12. NP移動　/ 42
    - 12.1　受動文　/ 42
    - 12.2　繰り上げ構文　/ 45

参考文献　/ 48

第2章　音声学・音韻論 ———————————————— 51

1. 音声学と音韻論　/ 51
   - 1.1　音声学　/ 51

1.2　音韻論　/ 52
1.3　音声とは　/ 53
　1.3.1　音素と異音　/ 53
　1.3.2　音素的対立と最小対立　/ 54
1.4　音節　/ 56
　1.4.1　音節とモーラ：日本語と英語の音節構造　/ 56
　1.4.2　開音節と閉音節　/ 57
　1.4.3　音節量　/ 58
1.5　標準発音　/ 59
1.6　調音器官と発声のメカニズム　/ 60
2.　分節音　/ 61
　2.1　母音　/ 62
　　2.1.1　母音の分類方法　/ 62
　　2.1.2　英語の母音　/ 63
　　2.1.3　二重母音　/ 66
　2.2　子音　/ 67
　　2.2.1　調音位置による分類　/ 67
　　2.2.2　調音様式による分類　/ 68
　　2.2.3　声の有無による分類　/ 71
3.　音声現象　/ 72
　3.1　同化　/ 72
　3.2　脱落　/ 73
4.　超分節　/ 74
　4.1　強勢とアクセント　/ 74
　4.2　語強勢　/ 75
　4.3　リズム　/ 77
　　4.3.1　日本語と英語のリズム　/ 77
　　4.3.2　脚と等時間隔性　/ 77
　　4.3.3　内容語と機能語　/ 78
　　4.3.4　強形と弱形　/ 79
　4.4　音調　/ 80
　　4.4.1　音調の機能　/ 80
　　4.4.2　音調の区切り　/ 84
　　4.4.3　調子　/ 84

5. 音韻理論 / *85*
  5.1 素性と規則 / *86*
  5.2 韻律理論 / *87*
  5.3 音調音韻論 / *89*
    5.3.1 音調句と音律階層 / *89*
    5.3.2 文アクセント / *91*
    5.3.3 自律分節音韻論による調子の記述 / *94*
  5.4 最適性理論 / *96*

参考文献 / *99*

第3章　形態論 ──────────────── 102

1. 語の分析 / *102*
  1.1 語とは / *102*
  1.2 形態論とは / *102*
  1.3 派生接辞と屈折接辞 / *103*
  1.4 派生 / *104*
    1.4.1 接頭辞 / *105*
    1.4.2 接尾辞 / *105*
    1.4.3 クラスⅠ接辞とクラスⅡ接辞 / *105*
  1.5 屈折 / *107*
  1.6 語（派生語）の内部構造 / *109*
  1.7 順序付けのパラドックス / *110*
2. 語の右側主要部の規則 / *112*
  2.1 接頭辞付加について / *115*
  2.2 複合語の種類 / *117*
3. 動詞由来複合語（Verbal Compound） / *118*
4. 阻止（Blocking） / *119*
5. 逆成（Back-Formation） / *119*
6. 異分析（Metanalysis） / *119*
7. 頭文字語（Acronym） / *120*
8. 混成（Blending） / *120*

参考文献 / 121

第4章　意味論 ———————————— 123

1. 主な意味関係 / 123
   1.1 同義 / 124
   1.2 反意 / 124
   1.3 矛盾 / 124
   1.4 （意味論的）含意 / 125
   1.5 上下関係 / 125
   1.6 前提 / 126
   1.7 多義・二義・あいまい / 126
2. 意味に関する4つの理論 / 127
3. 構造主義的立場 / 128
4. 形式意味論 / 129
5. 概念意味論 / 136
6. 認知意味論 / 141
   6.1 プロトタイプ / 142
   6.2 メタファー / 146

参考文献 / 151

第5章　語用論 ———————————— 153

1. 発話行為理論 / 153
2. 会話仮説理論 / 158
   2.1 新グライス派 / 164
3. ポライトネスの理論 / 167
   3.1 Brown and Levinson（1987）のポライトネス理論 / 167
   3.2 Brown and Levinson（1987）に対する批判と Ide（1987） / 185
4. 関連性理論 / 187
   4.1 関連性 / 188
   4.2 関連性の原則 / 192

参考文献 / 195

第1章　統語論

1. 統語論とは

　統語論（syntax）とは、語をどのような規則に基づいて結合させて句や文を派生するのかを研究する分野である。つまり、句構造や文構造を扱う部門が統語論である。本章は、主としてアメリカの言語学者である**ノーム・チョムスキー**（Noam Chomsky）（1928～）により提唱された**生成文法**（Generative Grammar）の枠組みに基づいた統語理論を紹介することをねらいとする。生成文法において、特に最新の統語理論のことを**ミニマリスト・プログラム**（Minimalist Program）と呼ぶ。この理論は、Chomsky（1995a, b, 2000, 2001, 2004）などの研究から生み出されたものである。

　統語論による分析が必要である理由は、次のような様々な構造上の問題に対して、ある理論的な解答を与えなければならないという要請から得られる。第一に、（1）の意味解釈は（2a-b）が示すように2通りに曖昧であるが、なぜそのような曖昧性が生じるのであろうか（§8参照）。

　（1）　an American history teacher
　（2）　a.　a teacher of American history
　　　　b.　a history teacher who is American

　第二に、同じ of English と with long hair が生起しているにもかかわらず、（3a）の配列は文法的であるが、（3b）の配列は非文法的である（先頭の *(asterisk) は非文法的であることを示す）。それでは、こうした配列を決定する際にはどのような規則が関係しているのであろうか（§7参照）。

(3) a. the student of physics with long hair
　　b.*the student with long hair of physics（Radford(1988:177)）

　第三に、英語のyes-no疑問文を生成する場合、(4a)のように助動詞を文頭に移動させるのは許されるが、(4b-c)のように本動詞を文頭に移動させるのは許されない（tは**痕跡**（**trace**）と呼ばれ、ある要素が移動前に占めていた場所を示す。また、iは**指標**（**index**）と呼ばれ、同一要素であることを示す）。それでは、こうした移動が起こる際にはどのような制約が課せられるのだろうか（§9参照）。

(4) a. Can$_i$ you t$_i$ read this book?
　　b.*Read$_i$ you can t$_i$ this book?
　　c.*Read$_i$ you t$_i$ this book?

　第四に、(5a)のようなwh疑問文は容認可能であるのに対し、(5b)のようなwh疑問文は容認不可能である。それでは、どのような制約に基づいて、こうしたwh移動の容認可能性が判断されるのであろうか（§11参照）。

(5) a. What$_i$ did Bill claim that he read t$_i$ in the book?
　　b.*What$_i$ did Bill make the claim that he read t$_i$ in the book?
　　　　　　　　　　　　　　　　　　（Cf. Carnie (2002:294)）

　上で取り上げた問題は、統語論が扱わなければならない例の一部にすぎず、こうした問題を解明するためには、どのようにして語と語が結合してより大きなまとまりを形成し、最終的にどのようにして**句**（**phrase**）を形成するのかを分析する必要がある。こうした語と語／句の結合操作のことを**併合**（**Merge**）と呼ぶ。

2. 構成素

はじめに、次の文を見てみよう。

(6) The young linguist bought a new computer.

(6) の文は、意味解釈において、the young linguist と bought a new computer という 2 つの大きな「まとまり」に分けられる。さらに、後者は bought と a new computer という 2 つの「まとまり」に分けられる。

(7) a. The young linguist / bought a new computer.
b. bought / a new computer

つまり、文はこうした「まとまり」が互いに併合することによって生成される。このように、文を構成する単語や「まとまり」のことを**構成素**（constituent）という。

しかし、どのような場合に、与えられた単語の連鎖が構成素をなすのだろうか。構成素をなすかどうかの診断法として、次のようなテストを挙げることができる（Radford（1988:89-90, 2004:84-90）、Haegeman and Guéron（1999:45-51）、Carnie（2002:51-53）など参照）。

(8) a. 代用（substitution）
b. 移動（movement）
c. 削除（deletion）
d. 並列（coordination）
e. 文断片（sentence fragment）

以下、これらのテストを使って、(6) の the young linguist と a new computer の 2 つの連鎖が実際に構成素をなすかどうかを調べてみよう。

第一に、連鎖 [the young linguist] と連鎖 [a new computer] はそ

れぞれ代名詞heとitによって代用可能である。

 (9) A：[The young linguist] bought [a new computer].
   B：When did [he] buy [it]?

　第二に、連鎖 [the young linguist] と連鎖 [a new computer] はそれぞれまとまって移動可能である。(10a-b) では、両者が**分裂文** (**cleft sentence**) の**焦点** (**focus**) の位置 (It is X who/that...のXの位置) に生起している。焦点とは、最も重要な内容を表す部分で、最も強い文強勢が与えられる。

 (10) a. It was [the young linguist] who bought a new computer.
   b. It was [a new computer] that the young linguist bought.

　第三に、連鎖 [the young linguist] と連鎖 [a new computer] はそれぞれ他の名詞句と並列可能である。

 (11) a. [The young linguist] and [I] bought a new computer.
   b. The young linguist bought [a new computer] and [FDs].

　第四に、文断片のテストを適用してみよう。

 (12) A：Who bought a new computer?
   B：[The young linguist].
 (13) A：What did the young linguist buy?
   B：[A new computer].

(12B)、(13B)の答えは完全な文ではなく、単なる文断片の形で表現されている。文断片は(12A)、(13A)の疑問詞who、whatに対応する要素であり、当然構成素として「まとまり」をなすと考えられる。以上より、連鎖 [the young linguist] と連鎖 [a new computer] はともに名詞句という構成素をなしていることが分かる。

　同様に、(6)のbought a new computerという連鎖が動詞句という

構成素をなすこともテストできる。第一に、連鎖 [bought a new computer] は代用形 do so で置き換え可能である。

 (14) The young linguist bought a new computer, and the young anthropologist [did so], too.

第二に、次の文に見られるように、連鎖 [bought a new computer] は移動の適用を受け、**前置 (preposing)** される。

 (15) We expected that the young linguist would buy a new computer, and [buy a new compute]$_i$ he did t$_i$.

第三に、(16B) の答えに見られるように、連鎖 [bought a new computer] は削除可能である (ϕ は削除されたことを示す)。

 (16) A：Did the young linguist buy a new computer?
   B：Yes, he did [ϕ]. / No, he didn't [ϕ].

第四に、連鎖 [bought a new computer] は同じタイプの句 (動詞句) と並列可能である。

 (17) The young linguist [bought a new computer] and [visited the travel agency].

最後に、文断片のテストを適用してみよう。

 (18) A：What did the young linguist do?
   B：[Bought a new computer].

(18B) の答えは、完全な文の代わりに、文断片である [Bought a new compter] が用いられている。以上のテストから、連鎖 [bought a new computer] が動詞句という構成素をなしていることは明白である。

3. 併合と句構造

　話し手は、句や文を派生する際、各単語を併合させながらより大きな構成素を形成していく。したがって句や文を構成する最小の単位は単語である。例えば、5つの語から成る (19) の文がどのような併合操作によって派生されるのかを見てみよう。

　　　(19) The man killed the king.

(19) では、5つの語がでたらめに併合されているわけではない。このことは、man と king のような名詞（Noun: N）同士が併合されることはなく、また the と killed のような決定詞（Determiner: D）と動詞（Verb: V）が併合されることはないことから明らかである。つまり、併合される語と語の間には密接な関係があり、the と man、the と king の各ペアが優先的に併合され、より大きな構成素である名詞句（Noun Phrase: NP）が形成される。

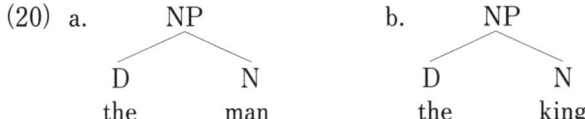

次に、killed と NP の the king（= (20b)）が併合し、より大きな構成素である動詞句（Verb Phrase: VP）を形成する。

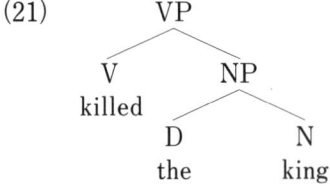

最終的に、NP の the man（= (20a)）と VP の killed the man（= (21)）

(22)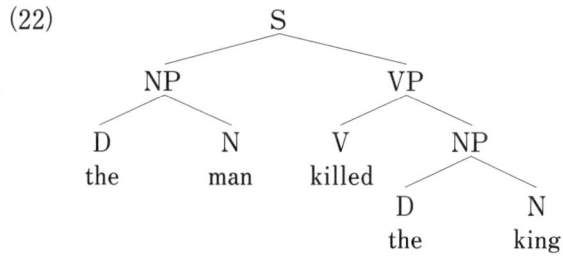

　(22)のような併合操作によってできた句構造を表した図は、木の形に似ていることから**樹形図**（**tree diagram**）と呼ばれる。例えば、(22)の樹形図を逆さまに引っくり返すと、Sの表示が木の根に対応し、D、N、V、D、Nの表示が木の葉に対応すると言える。また、(22)の樹形図内のSとVPなどの標示は一本の枝の両端に置かれており、この両端の位置のことを**節点**（**node**）という。こうした樹形図は、人間が脳の中で句や文をどのような順序で派生させているのかを示している。併合はいつでも下から上へと2つの構成素を対象に組み上げて行く操作なので、樹形図で表された句構造は次の2つの原理に従う。

(23) a. **ボトムアップの原理**（**Bottom-up Principle**）：
　　　句構造は下から上へと構築される。
　　b. **二項枝分かれの原理**（**Binary Branching Principle**）：
　　　句構造のすべての枝分かれ節点は二股である。

　樹形図と同様に、句構造を表す方法として(24)のような**標示付き括弧**（**labelled bracket**）が使われることもある。この方法では、構成素をなす部分を括弧で囲み、その標示（S, D, N, Vなど）を左側の括弧内側に下付き文字で表す。この方法は紙面上のスペースを取らないという利点がある。

(24)　[$_S$ [$_{NP}$ [$_D$the] [$_N$man]] [$_{VP}$ [$_V$killed] [$_{NP}$ [$_D$the] [$_N$ king]]]]

4. 文法範疇

　ここでは、(22)の樹形図についてさらに観察してみよう。一番下の各節点にはD, NやVといった標示が置かれている。こうした表示は、**文法範疇**（grammatical category）や**統語範疇**（syntactic category）と呼ばれ、その構成素の品詞を示している。文法範疇には以下のようなものがある。

(25)　名詞 (Noun) ＝ N　　　　　　名詞句 (Noun Phrase) ＝ NP
　　　動詞 (Verb) ＝ V　　　　　　動詞句 (Verb Phrase) ＝ VP
　　　形容詞 (Adjective) ＝ A　　　形容詞句 (Adjective Phrase)
　　　　　　　　　　　　　　　　　　＝ AP
　　　前置詞 (Preposition) ＝ P　　前置詞句 (Prepositional Phrase)
　　　　　　　　　　　　　　　　　　＝ PP
　　　副詞 (Adverb) ＝ Adv　　　　副詞句 (Adverbial Phrase) ＝ AdvP
　　　補文標識 (Complementizer)　　補文標識句 (Complementizer
　　　　＝ C　　　　　　　　　　　　Phrase) ＝ CP
　　　決定詞 (Determiner) ＝ D　　文 (Sentence) ＝ S

例えば、babyはNであり、the babyはNPである。kissはVであり、kiss the babyはVPである。the cute babyのcuteはAでありAPでもある。inはPであり、in the parkはPPである。run quicklyのquicklyはAdvでありAdvPでもある。

　決定詞Dにはa/theのような冠詞が含まれるが、その他、指示代名詞や名詞の所有格なども含まれる。

　　　(26)　D: a/an, the, this, that, my, your, his, John's, some, any, etc.

なお、(27a-e)が示すように、英語ではNP内に生じる（つまりNを修飾する）Dの数は1つに限定され、複数のDが生じれば不適格なNPとなる。

(27) a. a car
　　 b. Bill's car
　　 c. *a Bill's car / *Bill's a car
　　 d. *the that car / *that the car
　　 e. *some your cars / *your some cars

　決定詞Dは、そのNPが**指示的**（referential）であるのかそうでないのか、または**特定的**（specific）であるのかそうでないのかを決定する。通例、aはそのNPが非指示的・非特定的であることを示し、the, this/that, Bill'sなどはそのNPが指示的・特定的であることを示す。

　補文標識Cには、(28a-c)のような括弧で囲まれた**埋め込み節**（embedded clause）（＝従属節）の先頭に現れるthat, if/whether, forなどが含まれる。これらの語は、文字通り、埋め込み節が始まる標識の役目を果している。埋め込み節とは、別の構成素の内部に含まれた文のことである。

(28) a. We believe [that you are innocent].
　　 b. I wonder [if you can help me].
　　 c. I am anxious [for you to visit us].

(28a-c)の埋め込み節ではCのthat, if, forとSのyou are innocent, you can help me, you to visit usが併合してCPという構成素を形成している。

(29)

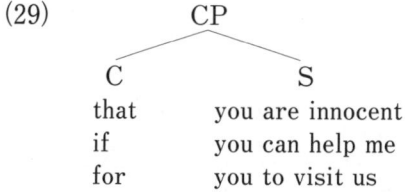

　補文標識CはそのCPがどのようなタイプの節であるのかを決定する。つまり、thatはそのCPが**平叙節**（declarative clause）であることを示し（(28a)）、if/whetherはそのCPが**疑問節**（interrogative clause）で

あることを示し((28b))、for はその CP が**非現実節**(irrealis clause)であることを示す((28c))。非現実節とは、現実にはまだ実現していない、または実現しないかもしれない出来事を示す節のことである。(28c)から分かるように、you to visit us「あなたが私達を訪問する」という出来事は現実にはまだ実現していない。

また、that と if は時制を持った**定形節**(finite clause)を導くのに対し、for は時制を持たない**非定形節**(non-finite clause)を導く。したがって、(28a-c)は文法的であるが、(30a-c)は非文法的である。

(30) a.*We believe [that you to be innocent].
b.*I wonder [if you to help me].
c.*I am anxious [for you should visit us].

5. 句の基本構造

(23b)の二項枝分かれの原理に従うと、句構造のすべての節点は二股に枝分かれしなければならない。それでは実際に句構造がどのように樹形図によって表されるのかを見てみよう。(31a-b)のような単純な NP と VP であれば、それらが(32a-b)のような構造をしていることは容易に分かる。(31b)の tennis は1語で N であり NP でもあるので、便宜上(32b)では最大の NP の方を採用している。

(31) a. the student
b. play tennis

(32)

次に、(33a-b)のような(31a-b)よりやや大きい NP と VP の構造を二項枝分かれの原理に従って考えてみよう。

(33) a. the student of linguistics
    b. often play tennis

(33a) の student of linguistics は study linguistics と対応関係があり、student は of linguistics を目的語句として選択しており、両者の関係は密接である。したがって、(33a-b) では、N の student / V の play は最初に目的語句である PP の of linguistics / NP の tennis と併合し、それから D の the / AdvP の often と併合する。その結果、(33a-b) は次のような構造をしている。

(34)
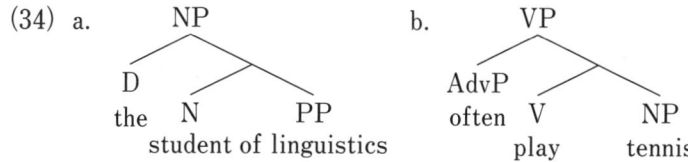

(34a-b) は確かに二項枝分かれの原理に従っている。しかしながら、[N PP] の student of linguistics と [V NP] の play tennis のそれぞれの構成素がどのような範疇であるのかは明確でない。そのため、[N PP] と [V NP] の節点にはいかなる範疇も与えられていない。ところが、(34a-b) を詳しく観察すれば、これらの構成素には1つの共通点があることに気付く。つまり、これらの構成素の節点は、(34a) では最小の N と最大の NP との中間レベルに存在し、同様に (34b) でも最小の V と最大の VP との中間レベルに存在している。言い換えれば、これらの構成素は N の student / V の play よりは大きいまとまりであるが、NP の the student of linguistics / VP の often play tennis よりは小さいまとまりである。そこで、こうした中間的な構成素にはそれぞれ **N'** (**N** バーと呼ぶ) と **V'** (**V** バーと呼ぶ) という範疇を与えることにしよう。

(35)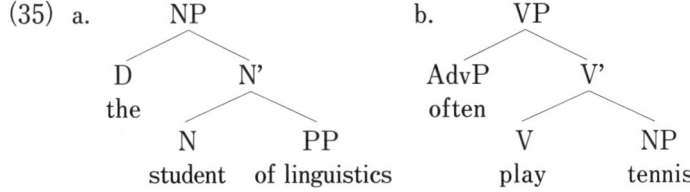

　N'やV'といった中間的な範疇の特徴としては、それらが現れる数には制限がなく、何度でも繰り返し可能（recursive）であることが挙げられる。例えば、(35a-b)のNPとVP内には随意的な修飾語句が可能な限りいくつでも生起することができる（(36a-b)参照）。その数に応じて中間的なN'やV'といった範疇が繰り返し現れることになる。したがって、(36a-b)のようなNPとVPは(37a-b)のような構造をしている。

(36) a. the student of linguistics [with long hair][from Hiroshima]
　　 b. often play tennis [in the park] [after lunch]

(37)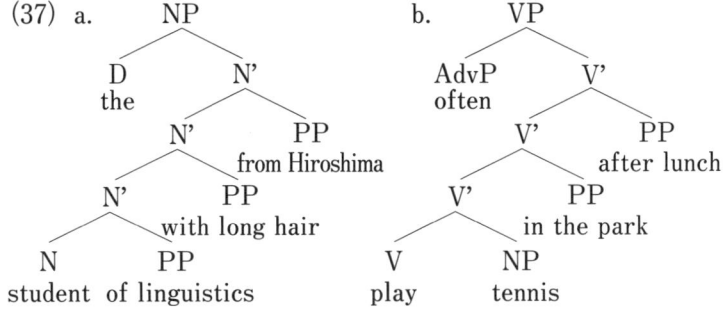

　(37a)がNPであることを決定しているのはNのstudentであり、(37b)がVPであることを決定しているのはVのplayである。このような句の中心となる要素のことを**主要部**（**head**）と呼ぶ。また、(37a-b)に見られるof linguisticsとtennisは主要部であるstudentとplayにとって密接な関係にある目的語句であるのに対し、with long hair, from Hiroshima, in the park, after lunchはその主要部にとっては遠い関係にある単なる修飾語句である。前者のような目的語句のことを**補部**

(complement) と呼び、後者のような随意的な修飾語句のことを**付加部** (adjunct) と呼ぶ。付加部は主として時間、場所、様態などを表す要素に相当する。

さらに、(37a-b) では主要部の student と play の前に D の the と AdvP の often が現れており、これらはそれ以降で述べられる内容を限定する働きをしている。このような主要部の前に生起して限定の働きをする要素を**指定部** (specifier) と呼ぶ。NP では D が、VP では AdvP が指定部に相当する。また、(41a-c) が示すように、AP, PP, AdvP では程度表現 (Degree Phrase) などがこれに相当すると考えられる (Radford (1988:246), Haegeman and Guéron (1999:78) など参照)。

以上から、すべての句は、任意の主要部 X を使って表せば、(38) のような構造をしていると一般化できる。つまり、すべての句は主要部 (X) を中心にして、指定部 (YP)、補部 (WP)、付加部 (ZP) という3つの要素を伴うことができる。

(38)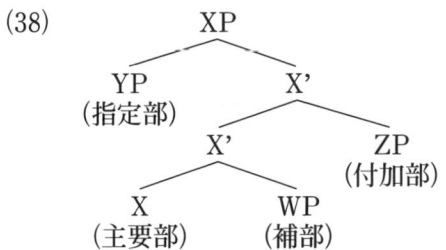

(38) では、説明上、付加部 ZP を主要部 X の右側に生起させているが、例えば AP などの付加部は主要部 N の左側に生起する（例：the [$_{AP}$ tall] girl）。1980年代から1995年頃まで、(38) のように一般化された句構造の型は X にちなんで**X バー式型** (X-bar schema) と呼ばれ、句構造に関する一般理論は **X バー理論** (X-bar Theory) と呼ばれた。

(38) から分かるように、主要部 X は X → X' → XP へと**投射** (projection) する。このことから、X のことを**最小投射** (minimal projection)、X' のことを**中間投射** (intermediate projection)、そして XP

のことを**最大投射**（maximal projection）という。すべての句は、この3つの投射を木の幹とし、その幹の周りに枝を伸ばすことにより補部や付加部を伴うのである。このような主要部・最小投射を中心にした構造のことを**内心構造**（endocentric structure）という。したがって、すべての句は次のような原理に従う。

(39) **主要部の原理**（Headedness Principle）：
すべての句構造は主要部の投射である。(Radford (2004:70))

(38) の典型的な句構造に従うと、(40a-c) のような AP, PP, AdvP は (41a-c) のような構造を持つことになる。(40a-c) では付加部が現れていないことに注意しよう。

(40) a. very proud of my son
b. right on the table
c. quite independently of them

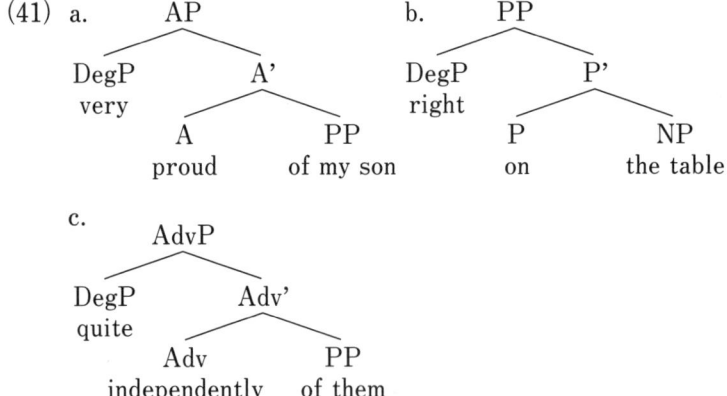

6. S から TP へ

6.1 定形節

これまでは、(22) で見たように、一番大きな構成素を文 (S) とし

てきた。したがって、(42) の定形節は (43) のような構造をなす。

(42) I saw her at the airport.

(43)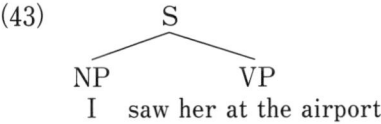

しかしながら、(43) のような構造は (39) の主要部の原理に違反している。なぜなら、Sには主要部が存在していないため、Sがどのような主要部の投射であるのか分からないからである。そのため、(43) は内心構造ではなく、**外心構造**（exocentric structure）となっている。

さらに、(44) のように助動詞（Auxiliary: AUX）が生起した場合、(44) は (45) のような構造となり、(23b) の二項枝分かれの原理にも違反する。

(44) I will see her at the airport.

(45)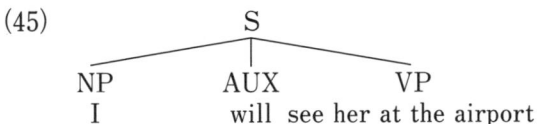

こうした問題を解決するために、Sもまた他の句と同じように (38) の一般化された句構造に従うと考えよう。そうすると、Sは時制を持つかどうかで定形節か非定形節かに分けられることから、時制（Tense: T）を主要部とした**時制句**（Tense Phrase: TP）であると想定できる。したがって、(44) は (46) のような構造をなすと分析できる。

(46)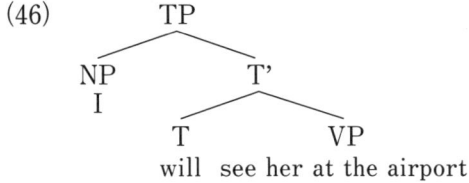

TP分析に従うと、その主要部には助動詞が、その指定部には主語NPが、その補部にはVPが生起することになる。すべての定形節が (46) と同じようなTP構造をしている。

定形節のTは主として4つの素性 (feature) を持つ。第一に、現在 (present) や過去 (past) を表す**時制素性** (**Tense feature**) である。この素性により、Tに生起する助動詞やVに生起する本動詞はその時制に応じて屈折変化を行う。例えば、(46) のTが過去という時制素性を持っていれば、willはwouldとして現れることになる。

(47) I said [I would see her at the airport].

第二に、定形節のTは、人称 (person)・数 (number)・性 (gender) の集合体である φ素性 (φ-features) と呼ばれる素性を持つ。Tのφ素性 (人称・数・性) は、主語NPのφ素性 (人称・数・性) と**一致** (**Agree**) しなければならない。一致したφ素性は、助動詞や本動詞が屈折変化することで具現化される。例えば、Tのφ素性が三人称・単数であれば、主語NPも三人称・単数でなければならない (英語のような言語には男性・女性・中性といった性の区別がないので、φ素性には性が関与しないと考えられる)。

(48) a. He sees her at the airport.
b.*I/We/You/They sees her at the airport.

第三に、定形節のTには、主語NPに主格 (nominative Case) を付与する**格素性** (**Case feature**) がある。このため、Tの格素性と主語NPの格素性は一致しなければならない。言い換えると、主語NPはい

つでも主格の形で現れなければならない。例えば、(44)の主語NPはIという主格の形であり、me, myといった目的格（objective Case）や属格（genitive Case）（＝所有格）の形で現れることはない。

(49) a. *Me will see her at the airport.
b. *My will see her at the airport.

第四に、定形節のTには、「すべての文は主語を持たなければならない」と規定する**拡大投射原理**（Extended Projection Principle: EPP）と呼ばれる素性（EPP-feature）がある。この素性により、Tの指定部には常に何らかの要素（＝主語）が生じることになる。これは、英語の文には常に主語が現れるという事実に合致している。

(50) * will see her at the airport.

以上、定形節のTは、時制素性、ϕ素性、格素性、EPP素性の4つの素性を持っており、特にϕ素性と格素性については主語NPのϕ素性と格素性に一致しなければならない。

6.2 非定形節

次に、(51a-b)のような埋め込まれた非定形節の構造を考えてみよう。

(51) a. We believe [him to be the best candidate].
b. I consider [her to be very smart].

定形節であろうが非定形節であろうが、文である以上は、(46)と同じようなTを主要部としたTPをなす。したがって、(51a-b)の非定形節は以下のような構造をなす。

(52)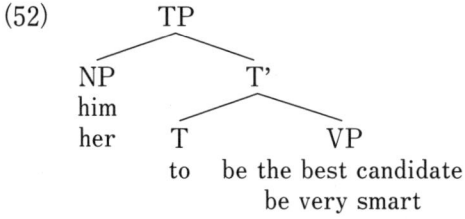

ここで注意すべきは、不定詞を表すtoと (46) で見た助動詞willが同じTの位置を占めていることである。このことは、両者の間には次のような類似点があるという事実から説明される。

第一に、両者は常に原形不定詞の動詞を従える。

第二に、(53a-b) から分かるように、両者は文の中で同じ位置関係 (Presidentとresignの間) にある。

(53) a. They expected [the President *will* resign].
b. They expected [the President *to* resign].

第三に、もしも両者が同じ位置に生じるとすれば、1つの位置には1つの要素しか生起できないはずであり、両者は共起できないと予測される。(54a-b) が示すように、この予測は正しい。

(54) a.＊They expected [the President will to resign].
b.＊They expected [the President to will resign].

第四に、(55a-c) が示すように、両者は後続する部分 (つまりVP補部) を省略することができる。

(55) a. I don't really want to go to the dentist's, but I know I should.
b. I know I should go to the dentist's, but I just don't want *to*.
c.＊I know I should go to the dentist's, but I just don't *want*.

(Radford et al. (1999: 296))

それでは、(51a-b)のような非定形節のT (to) はどのような素性を持つのだろうか。まず、非定形節のTが特定の時制素性とφ素性を持たないことは明白である。なぜなら、動詞は時制に関して屈折変化しないし、主語NPとも人称・数に関して一致を起こさないからである。

(56) a.*We believe [him to was the best candidate].
b.*They expected [the President to resigns].

また、非定形節のTには格素性も存在しない。これは、主語NPが主格の形ではなく、目的格の形で生起することから容易に分かる。つまり、Tは格に関して主語NPとは一致を起こさない。

(57) a.*We believe [he to be the best candidate].
b.*I consider [she to be very smart].

それでは、(51a-b)の主語him/herは何から目的格を付与されるのだろうか。結論的には、この主語him/herは主節動詞believeから目的格を付与される。なぜなら、(58a-b)が示すように、他動詞の補部として現れるNPは常に目的格を付与されるからである。

(58) a. She kissed him.
b.*She kissed he.

したがって、(51a-b)の主語him/herの格素性は主節動詞believeの格素性と一致する。しかし、このような格付与は、(58a-b)で見た格付与とは異なり、例外的なものである。つまり、(51a-b)では、主節動詞が補部の非定形節内にある主語に格を付与している。このような格付与を**例外的格付与** (Exceptional Case Marking: ECM) と呼ぶ。また、非定形節の主語として機能するものが、目的語に付与される目的格を持つという点でも例外的であると言える。

同様に、次のような埋め込まれた非定形節もTP構造をなしており、その主語NPは例外的格付与により主節動詞から目的格を付与される

(Iwakura (forthcoming) 参照)。

(59) a. I consider [TP her reliable].
b. She let [TP me go to Hiroshima].
c. I heard [TP her crying over you].

　最後に、こうした例外的格付与構文のTがEPP素性を持つかどうかである。これについては、(51a-b) や (59a-c) のTの指定部にある主語が省略不可能であることから、TにはEPP素性があると判断できる (Iwakura (2000a, b, forthcoming) 参照)。

(60) a.*We believe [to be the best candidate].
b.*I consider [to be very smart].
c.*She let [go to Hiroshima].

　言い換えれば、(60a-c) の非文法性は、こうした非定形節がTPであることを示している。なぜなら、EPP素性はTによって選択されるからである。
　以上、例外的格付与構文のような非定形節のTは、EPP素性のみを持ち、φ素性と格素性に関しては主語NPと一致を起こさない。

7. 補部と付加部

　ここでは、補部と付加部の構造関係を明らかにすることで、両者が示すふるまいの相違を説明する。最初に、(38) の一般化された句構造を再度観察してみよう。

(38)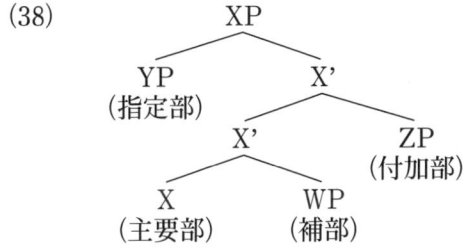

　既に述べたように、補部WPは主要部Xと密接な関係にある目的語句であるのに対し、付加部ZPは主要部Xと遠い関係にある随意的な修飾語句である。このことは、(38)において、補部の方が付加部よりも主要部の近くに位置することからうまく捉えられる。より厳密に言えば、補部は主要部に隣接していなければならない。

　主要部Xと補部WPのように、同じ節点X'から枝分かれした要素同士は、しばしば家系図の姉妹関係に例えられ、両者は同じ**母**（mother）のX'から生まれた**姉妹**（sister）であると言われる。一方、(38)の付加部ZPはX'と姉妹であり、両者はより上にあるX'を母に持つ。これより、補部と付加部について次のような構造関係が成り立つ。

(61) a. 補部は主要部と姉妹でなければならない。
　　 b. 付加部はX'と姉妹でなければならない。

　また、(61a-b)の構造関係は、**構成素統御**（constituent-command: **c統御**）という概念によって捉えることができる。構成素統御とは次のように定義される。

(62) AがBと姉妹関係にあるとき、AはBとBに含まれるすべての構成素を c 統御する。　　　(Radford (2004: 91))

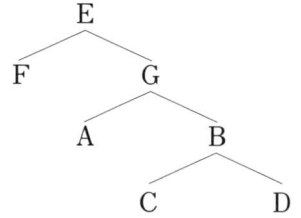

(この場合、AはB、C、Dをc統御するが、E、F、Gをc統御しない))

例えば、(38) では、主要部XはXは姉妹である補部WPを c 統御しているが、姉妹でない付加部ZPと指定部YPは c 統御していない。また、補部WPは主要部Xを c 統御している。さらに、付加部ZPはX'、主要部X、補部WPを c 統御している。同様に、指定部YPはX'、X'、付加部ZP、主要部X、補部WPを c 統御している。したがって、(62) のc統御という概念を用いると、(61a-b) の構造関係は次のように言える。

(63) a. 補部は主要部に c 統御されなければならない。
　　　b. 付加部はX'に c 統御されなければならない。

そこで、(61a-b) / (63a-b) を念頭において、以下に挙げるような補部と付加部のふるまいの相違を考えてみよう。

第一に、§1の (3a-b) で指摘したように、補部と付加部の配列順序は逆にすることができない。

(3) a. the student [of physics] [with long hair]
　　　b.*the student [with long hair] [of physics]

(3a) は (38) と同じ構造をなすので、(61a-b) / (63a-b) の構造関係が満たされている。しかし、(3b) は (38) の補部と付加部の位置が逆になった構造を持つため、補部はもはや主要部と姉妹ではなくな

り、主要部にc統御されなくなる。付加部もまたX'と姉妹ではなくなり、X'にc統御されなくなる。その結果、(61a-b)/(63a-b) の構造関係が保障されなくなり、(3b) は非文法的と判断される。

　第二に、付加部はいくつでも連続して生起できるのに対し、補部はそれが許されない。

> (64) a.* the student [of linguistics] [of physics] (with long hair)
> 　　　b. the student (of linguistics) [with long hair] [from Hiroshima]

(37a-b) で示したように、いくつ付加部が現れようが、その数に応じてX'という中間範疇は何度でも繰り返し可能である。そのため、付加部はその数に関係なくX'と姉妹関係をなすことができ、X'によってc統御される。したがって、(64b) は (61b)/(63b) の構造関係を満たしている。一方、補部は、(61a)/(63a) の構造関係より、主要部と姉妹である位置にしか生起できない。この位置は、(38) の構造からも分かるように、1つしかないので、複数の補部が共起することは不可能である。こうした理由で、(64a) は非文法的と判断される。

　第三に、補部と補部、付加部と付加部は等位接続が可能であるが、補部と付加部は等位接続できない。

> (65) a. the student [of linguistics] and [of physics] (with long hair)
> 　　　b. the student (of linguistics) [with long hair] and [from Hiroshima]
> 　　　c.* the student [of linguistics] and [with long hair]

等位接続とは構造上同じレベルに位置する要素同士を結び付ける操作であるので、異なるレベルに位置する補部と付加部はこの操作の適用を受けることはできない。つまり、(65c) のように、補部と付加部が等位接続されれば、(61a-b)/(63a-b) の構造関係を維持できなくなる。(65a-b) では、同じレベルにある補部と補部、付加部と付加部が等位接続されて、1つのより大きな補部、付加部が形成されている。

第四に、付加部と付加部の配列順序は自由である。

> (66) a. the student (of linguistics) [with long hair] [from Hiroshima]
> b. the student (of linguistics) [from Hiroshima] [with long hair]

付加部同士の配列順序が換わったとしても、それぞれの付加部がX'と姉妹関係にあり、X'にc統御されることには変わりない。したがって、(66a-b)は(61b)/(63b)の構造関係を満たしているので問題はない。

以上、補部と付加部のふるまいの相違は、姉妹関係やc統御という概念によって自然な説明が与えられることを考察した。

8. 構造上の曖昧性

§1では、(1)が(2a-b)のように2通りの意味解釈を持つことを指摘した。そこで、こうした意味解釈の曖昧性がどうして生じるのかを考えてみよう。

> (1) an American history teacher
> (2) a. a teacher of American history
> b. a history teacher who is American

この問題を解く鍵は、(1)がどのような併合操作によって派生されるのかにある。つまり、(2a)として意味解釈される場合、Americanはhistoryだけを修飾しているのに対し、(2b)として意味解釈される場合、Americanはhistory teacher全体を修飾している。これから分かることは、前者の場合はAmericanがhistoryと併合し、後者の場合はAmericanがhistory teacherと併合するということである。したがって、(1)は次のような2通りの異なる句構造を持つ。

(67)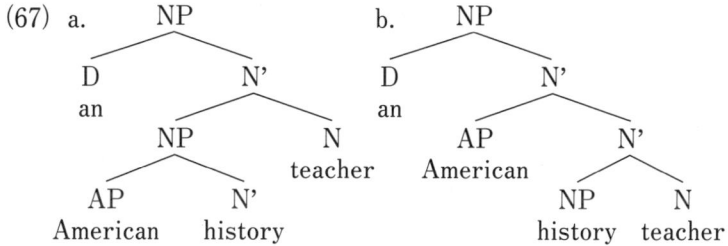

このように、意味解釈の曖昧性は統語構造の相違から生じるので、その曖昧性のことを**構造上の曖昧性**（structural ambiguity）と呼ぶ。これは、言語を分析するためには、句や文を階層的に分析しなければならないことを示唆している。

また、（1）に見られる単語間の修飾関係についてはc統御によって説明される。つまり、(67a) では、APのAmericanはN'のhistoryのみをc統御するので、Americanはhistoryのみを修飾する。また、NPのAmerican history全体はNのteacherをc統御するので、前者は後者を修飾する。一方、(67b) では、NPのhistoryはNのteacherをc統御するので、historyはteacherを修飾する。また、APのAmericanはNPのhistoryとNのteacherの両者（つまりN'）をc統御するので、Americanはこの両者のまとまり全体を修飾する。以上より、単語間の修飾関係は次のような制約に従うことになる。

(68) **修飾関係**：

　　AがBをc統御するならば、AはBを修飾する。

同様の議論が、(69) に見られるような構造上の曖昧性についても成り立つ。(69) は (70a-b) の2通りの意味解釈を持つ。

(69) The man killed the king with a knife.
(70) a. The man used a knife to kill the king.
　　 b. The king with a knife was killed by the man.

((69)-(70) Carnie (2002:49-51))

(70a-b) の2通りの意味解釈は、(69) が次のような2通りの異なる句構造を持つと考えることで説明される (便宜上、VP構造のみを示す)。

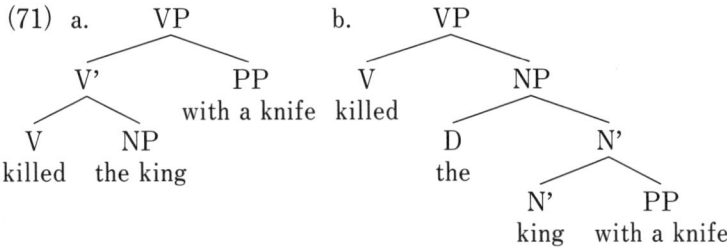

(68) の制約に従うと、(71a) では、PPの with a knife は V の killed と NP の the king の両者 (つまり V') を c 統御するので、その PP は killed the king というまとまり全体を修飾する。一方、(71b) では、PP の with a knife は N' の king のみを c 統御するので、その PP は king のみを修飾する。したがって、(69) が (71a) の構造を持てば、(70a) として意味解釈され、(71b) の構造を持てば、(70b) として意味解釈される。

9. 主要部移動

9.1 TからCへの主要部移動

ここでは、助動詞が文頭に現れる (72b) のような **yes-no疑問文**の派生について議論する。(72b) は (72a) の will を主語の前に移動させることで派生される。こうした移動は**主語・助動詞倒置** (subject-auxiliary inversion: SAI) として一般的に知られている。

(72) a. You will throw a party.
b. Will you throw a party?

しかしながら、(73) の構造が示すように、主語・助動詞倒置の適用を受けた will は、TPを飛び越えていったいどこへ移動するのだろうか。つまり、will の**着地点** (landing site) はどこだろうか。

(73)　[TP you will [VP throw a party]]

この問題を解くために、文頭に移動した will と §4 で紹介した補文標識 if/whether との位置関係を比べてみよう。

(74)　a.　Will_i [TP you t_i [VP throw a party]] ?
　　　b.　I wonder [CP if/whether [TP you will throw a party]].

(74a) の will と (74b) の if/whether に共通することは、両者とも TP の外に位置していることである。さらに、両者は、それらを伴う句が疑問文であることを示す働きをするという点でも類似している。したがって、yes-no 疑問文の助動詞は、補文標識が生起する CP の主要部 C に移動すると考えられる（(75) 参照）。そうだとすれば、両者が同じ C の位置には共起できないという事実もうまく説明できる（(76) 参照）。

(75)

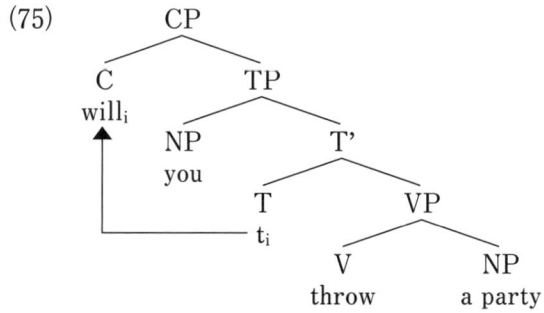

(76)　*I wonder if/whether will_i you t_i throw a party.

このような T から C への移動は、主要部から別の主要部への移動であるので**主要部移動**（head movement）と呼ばれる。また、T から C への主要部移動は、C が持つ [**+Q** (Question)] という素性によって引き起こされると想定されている。つまり、[+Q] 素性とは疑問文であることを示す一種の**接辞**（affix）のようなものであり、義務的に他の要素

と結合しなければならない。(75) では、Cの [+Q] 素性がTに存在するwillを引き付けて結合しようとする。その結果、willの移動が起こる。(74b) のような間接疑問文では、Cの [+Q] 素性はif/whetherと結合しており、もはやwillを引き付けて結合する必要がない。したがって、(76) は、willがCへ移動する動機付けがないにも関わらず移動を起こしているので非文法的となる。

しかし、ここで1つ疑問が生じる。つまり、主要部から別の主要部への移動が主要部移動であるなら、(75) において、なぜVのthrowがTのwillの代わりにCへ移動できないのだろうか。言い換えれば、なぜCの [+Q] 素性はTのwillの代わりにVのthrowを引き付けることができないのだろうか。

(77) *Throw$_i$ you will t$_i$ a party?

こうした疑問は、次のようなChomsky (2000: 122) が提案する**局所性条件（Locality Condition）**によって解決される。

(78) **局所性条件**：
移動を引き起こす主要部は、それが c 統御する最も近くにある要素を移動させなければならない。

この局所性条件に従えば、(75) で主要部移動を引き起こす主要部はCであり、CはTのwillとVのthrowの両者をc統御している。しかし、Cにより近くにあるのはTのwillの方なので、willがCへ移動することになる。したがって、(77) のように、throwがTのwillを飛び越えてCへ移動すれば、局所性条件の違反となる。結果として、(77) のような文はうまく排除されることになる。§1で指摘した (4a-b) の文法性の相違についても同様に説明できる。

(4) a. Can$_i$ you t$_i$ read this book?
　　b.*Read$_i$ you can t$_i$ this book?

9.2 VからTへの主要部移動

次に、beとhaveが文頭に現れる（79b）と（80b）のようなyes-no疑問文の派生について考えてみよう。

(79) a. John is (not) innocent.
b. Is John innocent?
(80) a. Mary has (not) gone to New York.
b. Has Mary gone to New York?

（79a-b）と（80a-b）に見られるように、beとhaveは否定文ではnotに先行し、疑問文では主語の前に移動するという点で助動詞と似たふるまいを示す。一方、両者は時制素性やφ素性に関して屈折変化したり、他の助動詞とも共起したり（例：Mary must have left.）、否定文ではnotの後にも生起する（例：John can't have told a lie.）という点で本動詞とも似たふるまいを示す。つまり、beとhaveは本動詞と助動詞の二つの性質を兼ね備えている。

こうしたbeとhaveの二面性は、(81)が示すように、両者はもともと本動詞としてVPの主要部Vに生起し、TPの主要部Tへ移動することで助動詞性を獲得すると想定することで説明できる。

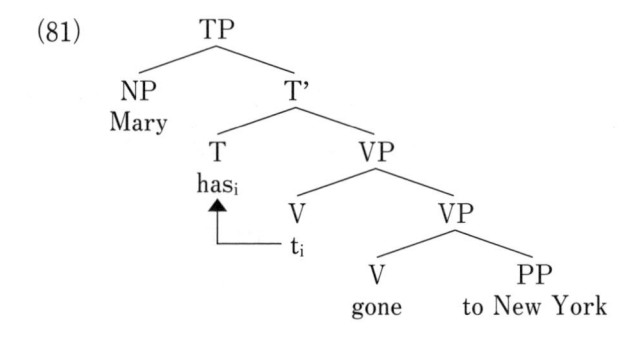

(81)
```
         TP
        /  \
       NP   T'
      Mary / \
          T   VP
       has_i / \
         ↑  V   VP
         └─ t_i / \
               V   PP
             gone to New York
```

beとhaveのVからTへの主要部移動は、Tが持つ**時制素性**と**φ素性**によって引き起こされると考えられている。これらの素性は、§6で

論じたように、最終的に助動詞や本動詞の屈折語尾として現れる。したがって、Tの時制素性とφ素性は、Cの［+Q］素性と同じように接辞としてふるまい、義務的に他の要素と結合する。(81)では、Tの両素性がVのhaveを引き付けて結合しようとするので、haveの移動が起こる。移動の結果、haveは現在・3人称・単数であるhasとして具現化される。

ただし、(82a-b)のような文では、beとhaveはVからTへ移動しないことに注意しよう。なぜなら、Tの位置にはmay/mustが生起しているからである。

  (82) a. John may [$_{VP}$ be innocent].
     b. Mary must [$_{VP}$ have gone to New York].

この場合、Tの時制素性とφ素性はmay/mustと結合しており、もはやbe/haveを引き付けて結合する必要がない。

また、(81)のVからTへの移動は、(75)で見たTからCへの移動と同様、(78)の局所性条件に従う。つまり、(81)において、Tがc統御する最も近くにある主要部はVであるので、haveはVからTへ移動することが許される。そのため、Tからより遠くにあるVのgoneが、Vのhaveを飛び越えてTへ移動することはできない。

  (83) *Mary gone$_i$ have t$_i$ to New York.

最終的に、(80b)のyes-no疑問文は、(81)でVからTへ移動したhasがさらにTからCへと移動することにより派生される。この移動が起こるのは、Cの［+Q］素性がTのhasを引き付け結合しようとするからである。(79b)のyes-no疑問文も同様に派生される。

(84)
```
         CP
        /  \
       C    TP
      has_i  / \
           NP   T'
          Mary  / \
               T   VP
               t_i  / \
                   V   VP
                  t_i  gone to New York
```

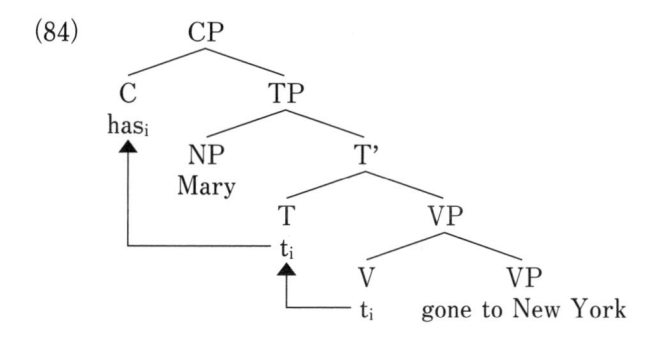

9.3　do 挿入

ここでは、(85a) と (86a) のような一般動詞の否定文と疑問文に現れる助動詞 do の扱いを考えてみよう。現代英語では、(85b) と (86b) が示すように、助動詞 do の出現は義務的なものである。

(85)　a.　Tracy did not marry Bill.
　　　b.*Tracy not married Bill.
(86)　a.　Do you know the truth?
　　　b.*Know you the truth?

しかしながら、他の助動詞とは違って、もともと存在しなかった do がどのようにして挿入されるのだろうか。これを解明するために、まず (85a) の否定文の構造から見てみよう ((87) 参照)。not は一般的に**否定辞句** (Negative Phrase: NegP) の指定部に生起するか、または主要部に生起すると考えられている。現代英語については、後者の立場をとることにする。

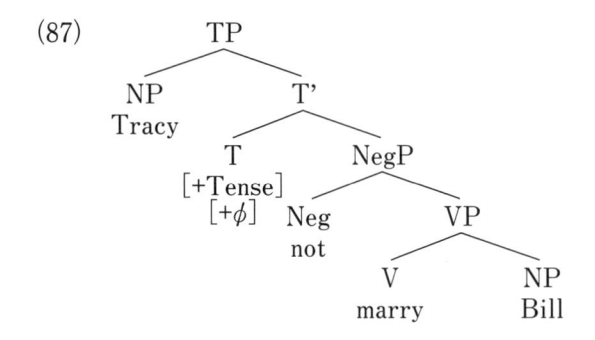

(87)
```
            TP
          /    \
        NP      T'
       Tracy   /  \
              T    NegP
          [+Tense] /  \
           [+φ]  Neg   VP
                 not   /  \
                      V    NP
                    marry Bill
```

　前節で述べたように、Tが持つ時制素性とφ素性は（(87)ではそれぞれ [+Tense], [+φ] として表記している）、一種の接辞であるので、他の主要部を引き付けて結合しようとする。その際、(78) の局所性条件から、Tへ移動できるのは、Tがc統御する最も近い主要部であるNegのnotである。しかしながら、notは助動詞ではないので、Tの位置へは移動することができない。仮に、notがTへ移動するにしても、notは時制素性やφ素性と結合することはできない。なぜなら、notは時制・人称・数に関して屈折変化しないからである（(88) 参照）。また、Tからより遠くにあるVのmarryが、Negのnotを飛び越えてTへ移動すれば、局所性条件の違反となる（(89) 参照）。

(88)　*Tracy not marry Bill.
(89)　*Tracy married not Bill.

　今度は逆に、(87) において、Tの時制素性とφ素性が、みずから他の主要部まで繰り下がり、その主要部と結合すると想定してみよう。しかし、両素性がNegのnotまで繰り下がるとしても、上述したように、それらはnotと結合できない。さらに、両素性がVのmarryまで繰り下がれば、Negのnotを飛び越えてしまうことになり不適切な移動となる。こうした理由で、(85b) は非文法的となる。結果として、(85b) のTからVへの繰り下げ移動と (89) のVからTへの繰り上げ移動は、両者の間に介在するnotにより阻止されると言える。

しかし、接辞であるTの時制素性とφ素性が何とも結合できない以上、このままでは文法的な否定文を派生しようにも仕様がない。そこで、一般動詞の否定文を派生する際には、**最後の手段**（last resort）として、助動詞のdoがTの位置に挿入される。この操作のことを**do挿入**（*do*-insertion）または**doによる支え**（*do*-support）と呼ぶ。do挿入は、それが適用されなければ文法的な文が派生できない場合にのみ適用される。この操作により、Tの両素性はdoと結合できるので、doが時制・人称・数に関して屈折変化する。その結果、(85a) は文法的な否定文として派生される。

(90) [TP Tracy [T did] [NegP not [VP marry Bill]]]

次に、(86a) の疑問文の構造を見てみよう。(91) はdo挿入が適用される以前の構造である。

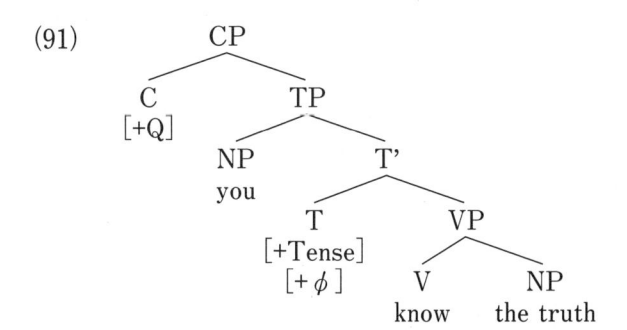

(91)
```
            CP
           /  \
          C    TP
        [+Q]  /  \
            NP    T'
           you   /  \
                T    VP
             [+Tense] / \
              [+φ]   V   NP
                   know the truth
```

Tには時制素性とφ素性があり、Cには [+Q] 素性がある。既に観察したように、疑問文を派生する際には、Cの [+Q] 素性がTの助動詞を引き付けて結合する。その結果、助動詞がTからCへ主要部移動する。そこで、(91) でも同様に、Cの [+Q] 素性がTの時制素性とφ素性を引き付けて結合すると考えよう。

(92) [CP[C +Q, +Tense, +φ] [TP you [T t] [VP know the truth]]]

しかし、Cの [+Q] 素性、時制素性、φ素性はいずれも接辞であり、

助動詞のような音形を持った要素とは結合していない。つまり、Cには接辞だけが孤立して存在している。もちろん、Vのknowは、助動詞ではないのでCへ移動することはできない。仮に、knowがCに移動するとしても、Cがc統御する最も近くにある主要部はTであり、knowは痕跡tが存在するTを飛び越えて移動することになり、(78)の局所性条件の違反となる((86b), (4c), (77)参照)。したがって、このままでは文法的な疑問文を派生することができない。そのため、否定文の場合と同様に、最後の手段であるdo挿入が適用されることになる。

(93) [CP [C do] [TP you [VP know the truth]]]

do挿入によって、Cに存在する一連の接辞はdoと結合することができ、doが時制・人称・数に関して屈折変化する。これにより、(86a)は文法的な疑問文として派生される。注意すべきは、否定文の場合、doはTに挿入されるが((90)参照)、疑問文の場合、doはCに挿入される((93)参照)。

代案として、(91)において、否定文の場合と同様、doがTの位置に挿入されて時制素性とφ素性と結合し、その後、doがCへ移動して[+Q]素性と結合すると想定することも可能であろう。

(94) a. [CP [C +Q] [TP you [T do] [VP know the truth]]]
b. [CP [C do_i] [TP you [T t_i] [VP know the truth]]]

10. wh移動

(95a-b)のようなwh疑問文では、助動詞がTからCへ主要部移動するだけでなく、wh句自身も元の位置から文頭へ移動する。wh句はCに移動した助動詞よりも前に生起するので、その移動先としてはCの指定部の位置が考えられる。したがって、(95a-b)は(96a-b)のような構造をしている。

(95) a. What is she studying?
　　 b. How will you fix the bike?

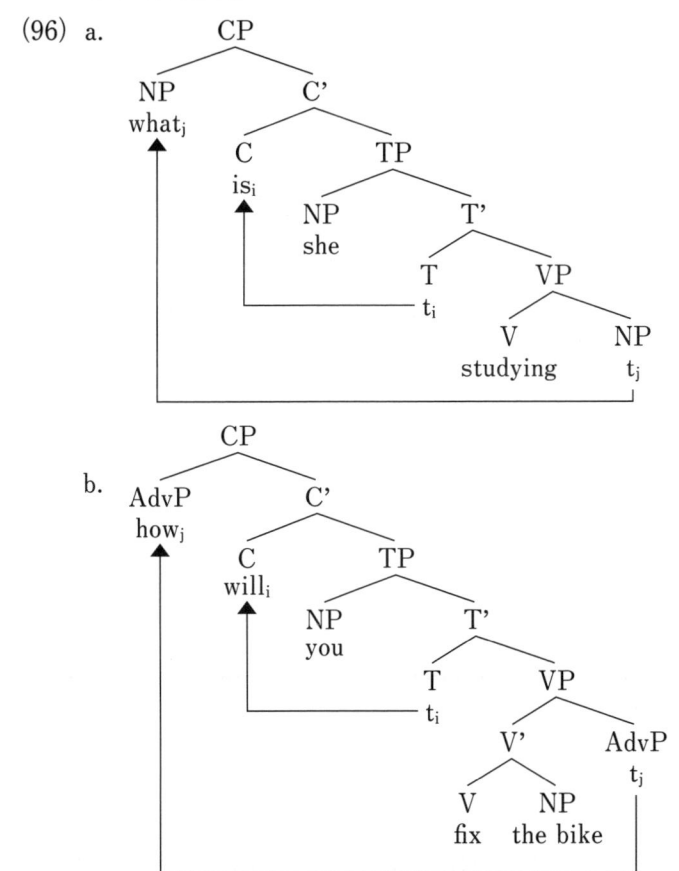

(96) a.
```
              CP
           /     \
          NP      C'
         what_j  /  \
                C    TP
               is_i /  \
                   NP   T'
                   she /  \
                      T    VP
                      t_i /  \
                         V    NP
                      studying t_j
```

b.
```
              CP
           /     \
          AdvP    C'
          how_j  /  \
                C    TP
              will_i /  \
                    NP   T'
                    you /  \
                       T    VP
                       t_i /  \
                          V'   AdvP
                         /  \   t_j
                        V    NP
                       fix  the bike
```

(96a) ではVの補部であるwhatが、(96b) ではVの付加部であるhowが、Cの指定部の位置へ移動している。このように、wh句がCの指定部の位置に移動する操作のことを**wh移動**（**wh-movement**）と呼ぶ。wh句は最大範疇であるので、理論的に主要部の位置へは移動できない。

　同様に、wh句が主語である（97）のような場合でも、助動詞はTからCへ移動し、wh句はCの指定部に移動する。そのため、（97）は（98）のような構造をしている。

(97) Who can play the violin?

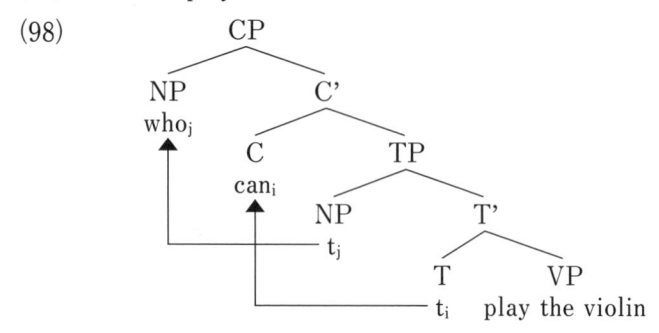

(98)
```
              CP
          /        \
        NP          C'
       who_j      /    \
                 C      TP
               can_i   /   \
                     NP     T'
                     t_j   /   \
                          T     VP
                         t_i   play the violin
```

(96a-b) や (98) のような wh 疑問文の C は、[+Q] 素性に付け加え、**[+WH] 素性とEPP素性**を持つと考えられている。[+Q] 素性は、これまで見てきたように、Tにある助動詞を引き付けて移動させる。一方、[+WH] 素性とEPP素性は、一体化して機能し、前者は引き付けて移動させる対象が wh 句であることを指定する役割をし、後者は指定した wh 句を C の指定部の位置へ移動させる役割をする。§6で議論したように、EPP素性はTにも存在し、その場合、Tの指定部の位置に主語NPが生起するのを要求する素性であった。そう考えると、EPP素性とは「指定部の位置に何らかの要素を要求する素性である」と一般化できる。以上より、(96a-b) や (98) のような wh 疑問文のCは、[+Q] 素性、[+WH] 素性、EPP素性の3つの素性を常に持つ。

ただし、(99a-b) が示すように、埋め込まれた wh 疑問文（間接疑問文）では、wh 移動のみが適用され、助動詞がTからCへ移動して主語・助動詞倒置を起こすことはない。この事実から、(99a) の wh 疑問文のCは、[+WH] 素性とEPP素性は持つが、[+Q] 素性は持たないと想定される。Cに [+Q] 素性がない以上、Cは助動詞を引き付けることはない。

(99) a. I wonder [CP what she is studying].
　　 b.*I wonder [CP what is she studying].

代案として、(99a) のwh疑問文のCが [+Q] 素性を持つと分析することも可能であろう。ただし、その場合、[+Q] 素性は助動詞を引き付ける代わりに、**隠在的な空の補文標識**（ここでは、0として表記する）と結合すると想定する必要がある（Radford (1997:286-291) 参照）。つまり、Cに補文標識0が存在する以上、助動詞がこの位置に移動することはできない。

(100) I wonder [$_{CP}$ what [0] she is studying].

次に、(101a-b) のような**多重wh疑問文**におけるwh移動を考察してみよう。多重wh疑問文とは、wh句が文中に複数生じる疑問文のことである。

(101) a. Who do you think is studying what?
b.＊What do you think who is studying?

(101a) では埋め込み節の主語であるwhoが、(101b) では埋め込み節のVの補部であるwhatが、それぞれ主節のCの指定部に移動している。しかしながら、前者のwh移動は許されるが、後者のwh移動は許されない。この事実は、wh移動がいつでも自由に適用されるわけではないことを示唆している。そのため、wh移動が適用される際にも、(78) の局所性条件が関与すると考えられている。

(78) **局所性条件：**
移動を引き起こす主要部は、それがc統御する最も近くにある要素を移動させなければならない。

局所性条件に従えば、(101a-b) でwh移動を引き起こす主要部は主節のCであり、Cは元の位置にあるwhoとwhatの両者をc統御している。しかし、Cにより近くにあるのはwhoの方であり、whoのみ移動が許されることになる。したがって、(101a) は文法的であり、(101b) は非文法的であると正しく説明される。(101a) は次のような構造をし

(102)

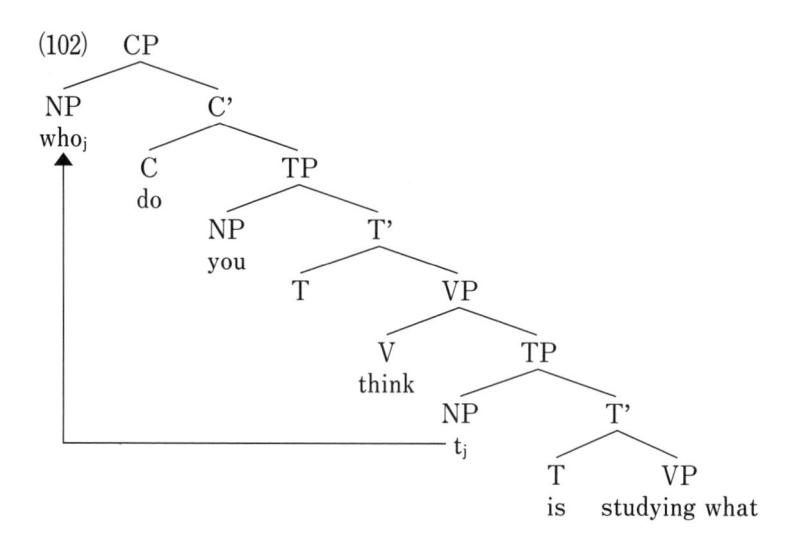

```
          CP
         /  \
        NP   C'
       who_j /  \
            C    TP
            do  /  \
               NP   T'
              you  /  \
                  T    VP
                      /  \
                     V    TP
                   think /  \
                        NP   T'
                        t_j / \
                           T   VP
                          is studying what
```

11. さらなる移動の制約

Ross (1967) の研究を中心に、ある特定の構造内からは要素の移動が阻止されることが明らかとなり、その特定の構造は「島」と呼ばれてきた。つまり、島は四方を海で囲まれているので、何者も島からは抜け出せないという訳である。Rossの研究以来、次のような**島の制約 (Island Constraints)** が提案されている。

(103) **複合名詞句制約 (Complex NP Constraint)**：
複合名詞句内からは、いかなる要素も取り出すことができない。

a. *What$_i$ did [$_{TP}$ Bill make [$_{NP}$ the claim [$_{CP}$ that he read t$_i$ in the book]]] ? (= (5b))（この場合、that節は同格節）

b. *When$_i$ do [$_{TP}$ you like [$_{NP}$ the pictures [$_{CP}$ that I took

　　　　　t_i]]]？
　　　　（この場合、that 節は関係節）

(104) **左枝分かれ条件**（Left Branch Condition）：
NP$_i$ 内の左端にある NP$_j$ は、NP$_i$ 内から取り出すことができない。
*Whose$_j$ did [$_{TP}$ you use [$_{NPi}$ t_j telephone]]？

(105) **等位構造制約**（Coordinate Structure Constraint）：
等位構造内からは、いかなる要素も取り出すことができない。
*Who$_i$ did [$_{TP}$ you see [$_{NP}$ Mary and t_i]]？

(106) **主語条件**（Subject Condition）：
主語内からは、いかなる要素も取り出すことができない。
*Who$_i$ did [$_{TP}$ [$_{NP}$ a picture of t_i] surprise John]？

(107) **付加部条件**（Adjunct Condition）：
付加部内からは、いかなる要素も取り出すことはできない。
*What$_i$ did [$_{TP}$ you take a shower [$_{PP}$ after you ate t_i]]？

(108) **wh 島の制約**（Wh-island Constraint）：
wh 節内からは、いかなる要素も取り出すことはできない。
*How$_j$ do [$_{TP}$ you wonder [$_{CP}$ what$_i$ he fixed t_i t_j]]？

　しかし、こうした島の制約は、要素が移動できない場合を 1 つ 1 つ列挙したにすぎず、記述としては妥当なものであるが、説明としては理論的なものとはいえない。そこで、Chomsky（1973, 1977）は、これらの制約を**下接の条件**（Subjacency Condition）という一般的な原理にまとめた。

(109) **下接の条件**：
要素が移動する場合、2つ以上の境界節点を越えてはならない。

英語の場合、NPとTPが境界節点となる。(103) から (108) の例文が非文法的であるのは、いずれのwh移動もNPやTPの2つの境界接点を飛び越えているため、下接の条件に違反するからである。

ただし、(110) のようなwh移動は、一見したところ、3つのTPを飛び越えているように思われるが、下接の条件に違反しないことに注意したい。

(110) Who$_i$ do [$_{TP}$ you think [$_{CP}$ that [$_{TP}$ John said [$_{CP}$ that [$_{TP}$ Mary kissed t$_i$]]]]] ?

仮に、wh句が元の位置から文頭へ一回で移動するとすれば、明らかに3つのTPを飛び越えることになり、下接の条件に違反する。そうなれば、(110) は非文法的であると誤って予測されてしまう。この問題を解決するために、wh句は途中にあるCの指定部の位置を経由しながら文頭へ移動すると考えられている。

(111) Who$_i$ do [$_{TP}$ you think [$_{CP}$ t$_i$ that [$_{TP}$ John said [$_{CP}$ t$_i$ that [$_{TP}$ Mary kissed t$_i$]]]]] ?

(111) において、それぞれのwh移動は、1つのTPしか飛び越えておらず、もはや下接の条件には違反しない。このようなwh句の長距離移動を**連続循環移動** (successive cyclic movement) と呼ぶ。

最近の研究では、wh句の連続循環移動は、Cに随意的に付与される**EPP素性**によって引き起こされると分析されている。前節で一般化したように、EPP素性とは指定部の位置に何らかの要素を要求する素

性である。したがって、(111)における3つの主要部Cには、EPP素性が随意的に付与され、そのEPP素性の要請により、wh句がその指定部に移動する。

下接の条件を適用させれば、§1で示した(5a-b)の文法性の相違もうまく説明できる。つまり、(5a)のwh句は途中にあるCの指定部の位置を経由するので、それぞれのwh移動は1つのTPしか飛び越えていない。一方、(5b)のwh句も途中にあるCの指定部を経由するが、2回目のwh移動の際、NPとTPの2つの境界節点を飛び越えてしまう。

(5) a. What$_i$ did [$_{TP}$ Bill claim [$_{CP}$ t$_i$ that [$_{TP}$ he read t$_i$ in the book]]] ?
b.*What$_i$ did [$_{TP}$ Bill make [$_{NP}$ the claim [$_{CP}$ t$_i$ that [$_{TP}$ he read t$_i$ in the book]]]] ?

しかしながら、下接の条件については経験的な問題点が指摘されている。例えば、(112a-b)のような主語と目的語のwh移動の非対称性、(113a-b)のような主語と目的語の内部からのwh移動の非対称性、さらに、(114a-b)のような補部と付加部の内部からのwh移動の非対称性などは、下接の条件では説明が困難である。

(112) a.*Who$_i$ do [$_{TP}$ you think [$_{CP}$ t$_i$ that [$_{TP}$ t$_i$ called me]]] ?
b. Who$_i$ do [$_{TP}$ you think [$_{CP}$ t$_i$ that [$_{TP}$ I called t$_i$]]] ?
(113) a.*Who$_i$ did [$_{TP}$ [$_{NP}$ a picture of t$_i$] surprise John] ? (=(106))
b. Who$_i$ did [$_{TP}$ you see [$_{NP}$ a picture of t$_i$]] ?
(114) a. Which table$_i$ did [$_{TP}$ you put the key [$_{PP}$ on t$_i$]] ?
b.*Which meal$_i$ did [$_{TP}$ you see Mary [$_{PP}$ after t$_i$]] ?

こうした問題を克服するために、下接の条件にかわる代案が1980年代から数多く提案され、現在においても活発な研究がなされている

(Oba (2000), 大庭・島 (2002) など参照)。

12. NP移動

12.1 受動文

最初に、(115a-b) の能動文と受動文を比較してみよう。

(115) a. Lupin stole the ring.
b. The ring was stolen (by Lupin).

(115b) の受動文は、(115a) の能動文と意味的には対応しているが、統語的には次のような点で異なる。第一に、受動文では能動文の目的語が主語として現れる。第二に、受動文では能動文の主語が随意的にby句として現れる。第三に、受動文では助動詞のbeが生起する。第四に、受動文では他動詞が受動形態素-enと結合し、受動過去分詞として生起する。

　第一点目から、受動文の主語は動詞の意味上の目的語であることが分かる。そこで、受動文の主語は、もともとは動詞の補部の位置に生起し、その位置から文頭へ移動すると考えてみよう。そうすると、(115b) は次のような構造となる。

(116)
```
            TP
           /  \
         NP    T'
      the ringᵢ / \
              T   VP
             was / \
                V   NP
              stolen tᵢ
```

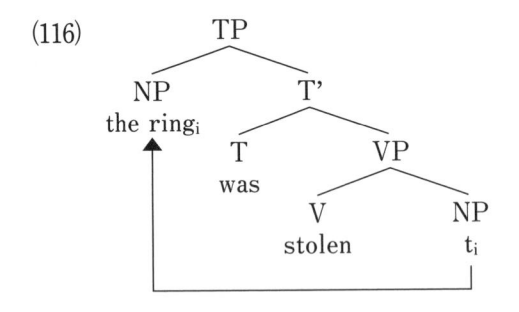

(116) では、the ringがVの補部の位置からTの指定部の位置へ移動している。この移動を想定すれば、the ringが受動文の主語ではある

が、動詞の意味上の目的語に対応するという事実をうまく捉えることができる。このように、NPがTの指定部の位置へ移動する操作のことを**NP移動**（NP-movement）と呼ぶ。

受動文の主語が、こうしたNP移動を行うことを支持する証拠として、次のようなイディオムの一部であるNPが、受動文の主語として生起する事実を挙げることができる（Radford（1988:431, 2004:263), Huddleston and Pullum（2002:288-289）など参照）。

(117) a. Advantage was taken of John.
　　　　(Cf. They took advantage of John.)
　　 b. No attention was paid to what he said.
　　　　(Cf. They paid no attention to what he said.)
　　 c. Good use was made of the extra time.
　　　　(Cf. They made good use of the extra time.)

つまり、take advantage of, pay attention to, make use of のようなイディオムは、全体として結合力が強く1つの意味単位を成す。したがって、(117a-c) の主語である advantage, no attention, good use は、もともとVの補部の位置に存在する。

また、こうしたTの指定部へのNP移動は、Tが持つ**EPP素性**により引き起こされると考えられている。TのEPP素性は、(78) の局所性条件に従い、Tがc統御する最も近くにあるNPをその指定部の位置に引き付ける。仮に、この位置に何の要素も生起しなければ、EPP素性が満たされず非文を生じることになる。

(118) a. *was stolen the ring (by Lupin).　(Cf. (115b))
　　 b. *was taken advantage of John.　(Cf. (117a))

次に、受動形態素の役割について触れておきたい。まず、(119a-c) を観察してみよう。(119b-c) は、NP移動が起こる以前の受動文の構造である。

(119) a. All students like him.
   b. is liked he by all students.
      (Cf. He is liked by all students.)
   c. *is liked him by all students.
      (Cf. *Him is liked by all students.)

(119a)の能動文では、他動詞likeが目的語himに目的格を付与する。つまり、他動詞は目的格を付与する格素性を持ち、目的語と一致を行う。一方、(119b-c)では、受動形態素-edが他動詞likeに結合した結果、その受動過去分詞likedはもはや目的語に格を付与できなくなる。つまり、両者は格に関して一致を起こさない。したがって、(119c)のように、目的語が受動過去分詞から目的格を付与され、himという形になることはない。

しかし、受動過去分詞が格を付与しないとすると、目的語は何から格を付与されるのだろうか。この問いに対しては、目的語はTから格を付与されると答えることができる。なぜなら、§6で述べたように、定形節のTは主格を付与する格素性を持つからである。その結果、(119b)のように、目的語とTが一致を行い、目的語は主格を受け取ることができ、Tは3人称・単数というφ素性の値を得ることができる。最後に、目的語heは、TのEPP素性の要請によって、その指定部へとNP移動を行う。

以上から、受動形態素の役割とは、他動詞の格素性を吸収して奪い、目的語との一致を阻止することであると結論付けることができる(Chomsky (1981), Jaeggli (1986), Baker, Johnson, and Roberts (1989), Matsubara (forthcoming) など参照)。

   (120) 受動形態素は、他動詞の格素性を吸収する。

さらなる受動形態素の役割としては、能動文では義務的に要求される主語を随意的な要素に変えてしまうことが挙げられる。例えば、

(115a) の Lupin は義務的に必要とされる要素であるが、(115b) では by Lupin は随意的な要素である。

12.2　繰り上げ構文

Tの指定部へのNP移動は、(121a-b) のような**繰り上げ構文**（**raising construction**）と呼ばれる文においても適用される。

(121) a. Mary seems to be happy.
　　　b. John is likely to leave.

(121a-b) の主語Mary/Johnは、一見すると、主節の述語seem/likelyの主語であるように思われるが、意味的には補文の述語happy/leaveの主語である。このことは、(121a-b) が (122a-b) と同じ意味内容を表すことからも明らかである。

(122) a. It seems that Mary is happy.
　　　b. It is likely that John will leave.

そうすると、(121a-b) の主語Mary/Johnは、もともとは補文の主語の位置に生起し、その位置から主節の主語の位置へNP移動すると考えられる。したがって、(121a-b) は次のような構造をしている。

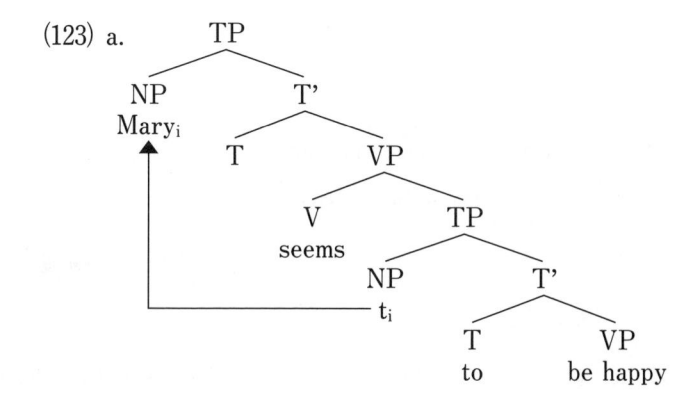

(123) a.
```
            TP
           /  \
         NP    T'
       Mary_i / \
             T   VP
                /  \
               V    TP
             seems / \
                  NP  T'
                  t_i / \
                     T   VP
                     to  be happy
```

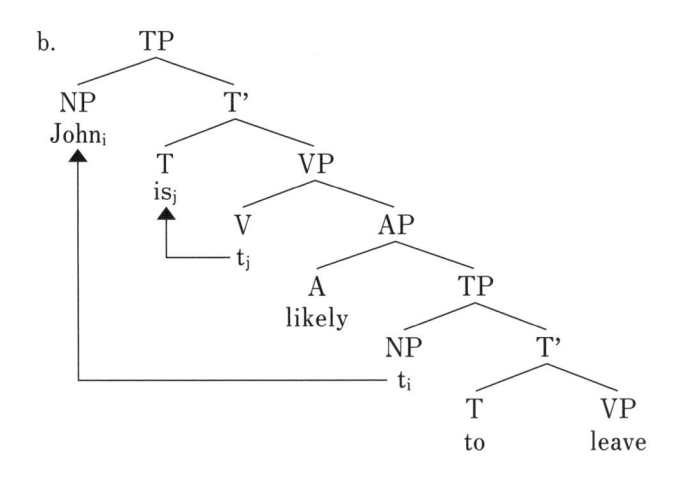

b.
```
          TP
         /  \
       NP    T'
      Johnᵢ  / \
            T   VP
           isⱼ  / \
           ↑   V   AP
           └─ tⱼ   / \
                  A   TP
                likely / \
                     NP   T'
                     tᵢ  / \
                        T   VP
                        to  leave
```

(123a-b) では、Mary/Johnが、補文のTの指定部から主節のTの指定部へと移動している。このように、補文の主語が、主節の主語の位置へNP移動する操作のことを**繰り上げ**（**raising**）と呼び、seem, appear, happen, likely, certain, sureなどのような繰り上げを許す動詞や形容詞のことを**繰り上げ述語**（**raising predicate**）と呼ぶ。

また、こうした主語の繰り上げは、受動文の場合と同様に、主節のTが持つ**EPP素性**によって引き起こされる。TのEPP素性は、(78) の局所性条件に従い、Tがc統御する最も近くにあるNPをその指定部の位置に引き付ける。そのため、補文の主語がTの指定部の位置へ移動することになる。仮に、この位置に何の要素も生起しなければ、EPP素性が満たされず非文を生じる。

(124) a.*seems [TP Mary to be happy].
　　　b.*is likely [TP John to leave].

次に、(125a-b) のような繰り上げが適用される以前の構造について考えてみよう。

(125) a. seems [TP she to be happy]. (Cf. She seems to be happy.)
　　　b.*seems [TP her to be happy]. (Cf. *Her seems to be happy.)

繰り上げ述語は他動詞ではないので、補文の主語には目的格を付与する格素性を持たない。つまり、両者は格に関して一致を起こさない。したがって、(125b)のように、補文の主語がseemから目的格を付与され、herという形になることはない。

　seemが格を付与しない以上、その主語は他の要素から格を付与されなければならない。ただし、この場合、非定形節のTは格素性を持たないので、その主語には格を付与することはできない。そのため、(125a)のように、補文の主語は主節のTと一致を行い、その結果、主語は主格を受け取ることができ、Tは3人称・単数というϕ素性の値を得ることができる。最後に、主語sheは、TのEPP素性を満たすために、Tの指定部へと繰り上がる。このようにして、(125a)から(126)の例文が合法的に派生される。

　　(126) She seems to be happy.

参考文献（＊は推薦図書を示す）

＊安藤貞雄・澤田治美（編）(2001)『英語学入門』東京：開拓社.

＊Adger, D. (2003) *Core Syntax: A Minimalist Approach*. Oxford: Oxford University Press.

Baker, M., K. Johnson, and I. Roberts. (1989) "Passive Argument Raised." *Linguistic Inquiry* 20: 219-251.

＊Carnie, A. (2002) *Syntax: A Generative Introduction*. Oxford: Blackwell.

Chomsky, N. (1973) "Conditions on Transformations." In *A Festschrift for Morris Halle*, ed. by S. Anderson and P. Kiparsky, 232-286, New York: Holt, Rinehart and Winston.

Chomsky, N. (1977) "On Wh-Movement." In *Formal Syntax*, ed. by P. Culicover, T. Wasow and A. Akmajian, 71-132, New York: Academic Press.

Chomsky, N. (1981) *Lectures on Government and Binding*. Dordrecht: Foris.

Chomsky, N. (1986a) *Barriers*. Cambridge, Mass.: MIT Press.

Chomsky, N. (1986b) *Knowledge of Language: Its Nature, Origin, and Use*. New York: Praeger.

Chomsky, N. (1995a) "Bare Phrase Structure." In *Government and Binding Theory and the Minimalist Program*, ed. by G. Webelhuth, 385-439, Oxford: Blackwell.

Chomsky, N. (1995b) *The Minimalist Program*. Cambridge, Mass.: MIT Press.

Chomsky, N. (2000) "Minimalist Inquiries: The Framework." In *Step by Step: Essays on Minimalist Syntax in Honor of Howard Lasnik*, ed. by R. Martin, D. Michaels, and J. Uriagereka, 89-155, Cambridge, Mass.: MIT Press.

Chomsky, N. (2001) "Derivation by Phase." In *Ken Hale: A Life in Language*, ed. by M. Kenstowicz, 1-52, Cambridge, Mass.: MIT Press.

Chomsky, N. (2004) "Beyond Explanatory Adequacy." *In Structures and Beyond: The Cartography of Syntactic Structures, Volume* 3, ed. by A. Belletti,

104-131, New York: Oxford University Press.

* Culicover, P. (1997) *Principles and Parameters: An Introduction to Syntactic Theory*. Oxford: Oxford University Press.

* Haegeman, L. (1991) *Introduction to Government and Binding Theory*. Oxford: Blackwell.

* Haegeman, L. and J. Guéron. (1999) *English Grammar: A Generative Perspective*. Oxford: Blackwell.

Huddleston R., and G. Pullum. (2002) *The Cambridge Grammar of the English Language*. Cambridge: Cambridge University Press.

Iwakura, K. (2000a) "On Overt Object Raising." *English Linguistics* 17: 514-537.

Iwakura, K. (2000b) "A Minimalist Approach to Double Object Verbs and *Want*-Class Verbs with Nonfinite Clauses." *Linguistic Analysis* 30: 216-245.

Iwakura, K. (forthcoming) "Nonfinite Clauses in English." *Linguistic Analysis* 32.

Jaeggli, O. (1986) "Passive." *Linguistic Inquiry* 17: 587-622.

Matsubara, F. (2000) "p^*P Phases." *Linguistic Analysis* 30: 127-161.

Matsubara, F. (forthcoming) "A Minimalist Approach to Passive Constructions." *Linguistic Analysis* 32.

* 中島平三 (1995)『ファンダメンタル英語学』東京：ひつじ書房.

中島平三（編）(2001)『最新英語構文事典』東京：大修館書店.

* 中村捷・金子義明（編）(2002)『英語の主要構文』東京：研究社.

Oba, Y. (2000) "Island Phenomena and Search Spaces of a Probe." *Linguistic Analysis* 30: 67-92.

大庭幸男・島越郎 (2002)『左方移動』（英語学モノグラフシリーズ 10）東京：研究社.

Phillips, C. (2003) "Linear Order and Constituency," *Linguistic Inquiry* 34: 37-90.

* Radford, A. (1988) *Transformational Syntax*. Cambridge: Cambridge

University Press.

* Radford, A. (1997) *Syntactic Theory and the Structure of English: A Minimalist Approach.* Cambridge: Cambridge University Press.

Radford, A. (2004) *Minimalist Syntax: Exploring the Structure of English.* Cambridge: Cambridge University Press.

Radford, A., M. Atkinson, D. Britain, H. Clahsen and A. Spencer. (1999) *Linguistics: An Introduction.* Cambridge: Cambridge University Press.

Ross, J. (1967) *Constraints on Variables in Syntax.* Ph.D. dissertation, MIT.

* 立石浩一・小泉政利 (2001)『文の構造』(英語学モノグラフシリーズ3) 東京：研究社.

第2章　音声学・音韻論

　本章では、**音声学**（phonetics）と**音韻論**（phonology）とはどのような学問であるかを概観し、音声学の基本的な知識を得ること、音韻論（特に**生成音韻論**（generative phonology））の発展と基本概念を理解することを目的とする。なお、本章では**国際音声学協会**（the International Phonetic Association、**略 IPA**）の制定した**音声記号**（phonetic symbol）［これを**国際音声字母**（the International Phonetic Alphabet、**略 IPA**）という］を用いる。（なお、国際音声字母に関しては、IPA（1999）を参照）

1. 音声学と音韻論

1.1　音声学

　音声学とは「**音声**（speech sound）を科学的に研究する学問分野」であり、その目的は音声の産出と知覚に関する事実を解明することである。このように堅苦しく書くと、音声学は難しく専門的で、敷居の高い学問のように感じられるが、音声学はそれを専門とする人だけに必要な学問というわけではない。「ネイティブ・スピーカーに誤解なく理解される」ようなコミュニケーションにおいて何ら支障のない発音を身につけ、相手の言ったことを理解するためには音声に関する知識を得ることは大変重要である。したがって、音声学の知識を得ることは英語の学習において欠かすことができないと言っても過言ではない。
　音によるコミュニケーションは①話し手が発声する、②音声が**音波**（speech wave）として空気中を伝わる、③聞き手が知覚する、という3つの段階に分けることができ、音声学もおよそこの3つの段階にあわせてそれぞれ以下の分野に分かれる。

①**調音音声学**(articulatory phonetics)
音声器官(vocal organs)がどの様に使われて音が産出されるかを研究し、発声の生理的なメカニズムを解明しようとすることを主な目的とする。なお、人間が口などの器官を用いて音声を作り出す行為を音声学では**調音**(articulation)という。
②**音響音声学**(acoustic phonetics)
スペクトログラフ(音声のもつエネルギーを振動数ごとに記録する装置)などの音響機器を用いて音の物理的性質の解明を目的とする。
③**聴覚音声学**(auditory phonetics)
聴覚のプロセス、すなわち音声がどのように知覚されるかを解明することを目的とする。

1.2 音韻論

音声学が言語音の産出・伝達・知覚に関する事実を分析・記述することを目的とするのに対し、音韻論は音韻体系とその中にある規則や原理を研究する分野である。以前は音韻論が音声学と同義で使われたこともあるが、両者は相互に関係する別の分野と考えるべきである。音声学と音韻論の関係は大変重要である。音声学は音声事実を正確に記述し提供し、音韻論はその事実をふまえ体系を築き上げなければならない。両者の関係を医学における「基礎医学と臨床医学」になぞらえる人がいるが、まさに両者がうまく噛み合ってこそ音声の研究における真の発展があると言える。

音韻論といっても様々な学派や理論があり、多くの重要な提案がなされてきた。例えば、「対立」という概念を基に音声機能の体系の究明を目指した**プラーグ学派**(Prague school)の音韻論は N.S. Trubetzkoy をはじめ Roman Jakobson や Morris Halle など著名な音韻論学者を輩出したヨーロッパ構造主義言語学の主流であった。また、アメリカ構造主義言語学の**音素論**(phonemics)は音素の発見とその体系を明らかにすることを目指した。その他にも数多くの学派からの

提案があるが、本章ではChomsky & Halle（1968）*The Sound Pattern of English*［略SPE］に始まる生成音韻論を中心に見ることにする。（様々な音韻理論についてはFischer-Jørgensen（1975）、小泉・牧野（1971）、筧・今井（1971）参照）生成音韻論は、SPEによる**線状音韻論**（linear phonology）から出発し、70年代中頃以降、**韻律音韻論**（metrical phonology）や**自律分節音韻論**（autosegmental phonology）などの**非線状音韻論**（nonlinear phonology）へと発展し、現在では**最適性理論**（Optimality Theory、**略OT**）による分析により成果を上げている。本章では、こういった音韻論の概念について音声学と関連づけながら随時説明を加えることとする。以下、この節では音声学と音韻論の議論において、基本となるいくつかの概念を見ることにする。

1.3　音声とは

1.3.1　音素と異音

音声とは人間が言語に用いる音を指す。音声学的に見た音声とは切れ目のない連続体であり、連続体を人為的に切り離したものを**分節音**（segment）と呼ぶ。また、抽象的な**音素**（phoneme）に対して、**単音**（phone）といえば現実に発音された具体的なものを指す。一方、音韻論から見た音声とは、不連続な集合を構成するものであり、このことが音素という概念に結びつくのである。ここで、音素という概念を簡単に見てみよう。例えば、paper / péɪpɚ/という語では2つ/p/という音が使われているが、音声学的に見れば、pa-の/p/の音は「**帯気音の**（aspirated）p」（[pʰ]で表される）であり、後続の母音へ移行する間に[h]の音に似た強い息を伴う。（この現象を**帯気**（aspiration）といい、[h]に似た音を**気息**（aspiration）という。）一方、-perの/p/は「**無気音の**（unaspirated）p」（[p]で表される）であり、強い息は伴わず、滑らかに後続の母音へと移行する。すなわち、この2つの/p/の音は異なっていると言えるのだが、英語においては同じ音と意識されている。このように音声学的詳細にかかわらず同じ音としてみなすことができ

る音をひとまとめにしたものを音素といい、斜線/ /で示される。また、paperの例における音声学的には異なった[pʰ]と[p]の音は**異音**（**allophone**）と呼ばれ、角形括弧[ ]で示される。異音とは、1つの音素が異なった環境で音声学的に異なった音として現れたものである。アメリカ英語でkitty/kíti/はしばしば[kíɾi]（「キリ」のように聞こえる）と発音されるが、この[ɾ]という記号で示される音は/t/の異音である。なお、このように/t/が弾音[ɾ]（日本語のラ行音のように聞こえる）になる現象は**弾音化**（**flapping**）と呼ばれ、1つの単語内で生じる場合（例：cit.y、dat.a）と2つの単語にまたがって生じる場合（例：get up、put out）がある。この現象が生起する環境として「前の母音に強勢があること」がしばしば挙げられる。しかし、gèt úpのように後ろの母音に**強勢**（**stress**）がある場合も弾音化は起こることが知られており、強勢の有無ではなく、**音節**（**syllable**）という概念を用い「音節末の/t/が2つの母音に挟まれた場合に弾音化が生じる」とする方が適切である。（音節については1.4.で詳しく述べる。）ただし、例外として語頭の/t/が弾音化される場合があることが知られている（go to church、come togetherなど）。

1.3.2 音素的対立と最小対立

音素は「ある言語において、語の意味を区別するのに役立つ最小の単位」と定義されることがある。例えば、英語ではbitとpitは異なった意味を持つが、この2つの単語の違いは/b/と/p/によるものであり、/b/と/p/は英語では異なった音素である。このようにある音と別の音を入れ替えると意味の異なった語が生じる場合、別々の音素であると認められ、これを**音素的対立**（**phonemic opposition**）という。また、bitとpitのように、同じ環境で1つの音だけを入れ替えることで意味の違いが生じる2つの語を**最小対立項**（**minimal pair**）と呼び、この場合、/b/と/p/は**最小対立**（**minimal pair contrast**）をなしている。これに対して、fitの/t/は帯気音のtであっても、無気音のtであって

も、あるいは閉鎖の解除のない**無開放の**（unreleased）tであっても語の意味が変わるわけではない。このような場合、3種類の/t/は**自由変異**（free variation）をなすと言う。

また、ある音が独自の環境で生起し他の音と生起する環境が重複しない、すなわち二つ（あるいはそれ以上）の音が決して同一の環境に現れることがなく（このような関係は**相互排除的**（mutually exclusive）と呼ばれる）、意味の対立をきたさない場合、それらの音は**相補分布**（complementary distribution）をなしているという。例えば、（1）に示す3種類の/k/は相補分布をなしている。

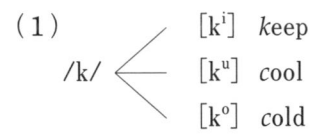

(1) /k/
- [kⁱ] *k*eep
- [kᵘ] *c*ool
- [kᵒ] *c*old

[kⁱ]、[kᵘ]、[kᵒ] は調音点が異なり聴覚的にも差があり、音声学的には異なった音であると言えるが、[kⁱ] が後舌母音/u/の前に現れたり、[kᵒ] が前舌母音/i/の前に現れることはない。ただし、相補分布をなす音同士は必ずしも同一音素に属するというわけではない。同一音素であるためには**音声的類似**（phonetic similarity）を有しなければならない。

前述の定義の「ある言語において」という部分は、「音素は言語によって異なる」ということを意味する。すなわち、ある言語では存在する音素が、別の言語では存在しないということがある。そのことによって、ある言語では区別される2つの音素を、別の音素体系をもつ言語の話者が区別できないということが起こりうるのである。例えば、英語でmouse/máʊs/とmouth/máʊθ/は2つの子音音素で区別されるが、日本人がこの二つの単語を日本語に置き換えてしまうとどちらも「マウス」となる。また日本人にとって/l/と/r/の区別が難しいとよく言われるが、これも音素の違いに起因するものである。

1.4 音節

1.4.1 音節とモーラ：日本語と英語の音節構造

音節（syllable）とは1つ以上の分節音がまとまった単位のことで、その前後には切れ目があると感じられる。音節の音声学的な定義については様々な努力がなされてきたが、実際にはまだ確定的なものがないのが現状である。しかし、母語話者は自分の母語の音節の切れ目や数は無意識のうちに分かっていて、容易に判別することができる。

音節には必ず中心となる音が1つ存在するが、これを**音節主音**または**音節核音**（syllable nucleus）と呼ぶ。音節主音は通例母音である。音節主音の前後に子音を伴うことがあるが、これは**音節副音**（syllable marginal）と呼ばれ、音節主音の前にくるものを**頭子音**（onset）、後ろにくるものを**尾子音**（coda）と呼ぶ。

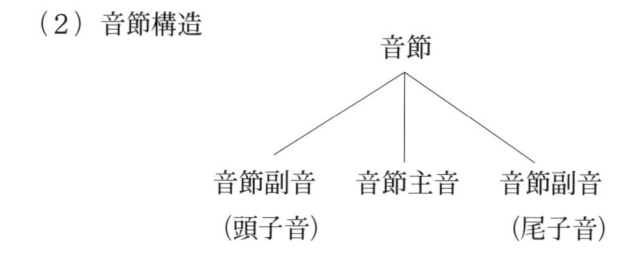

（2）音節構造

```
              音節
        ／    ｜    ＼
   音節副音  音節主音  音節副音
   （頭子音）         （尾子音）
```

英語と日本語では音節の構造は異なっていて、（3）のような構造をしていると考えられる。英語では、言語学的証拠などから頭子音と音節主音の結びつきより、音節主音と尾子音の結びつきの方が強いと考えられる。このことから音節主音と尾子音は**脚韻部**（rhyme）と呼ばれる**構成素**（constituent）を形成し、（3b）のように**階層的**（hierarchical）構造をしていると考える。

(3) a. 日本語　　　　b. 英語

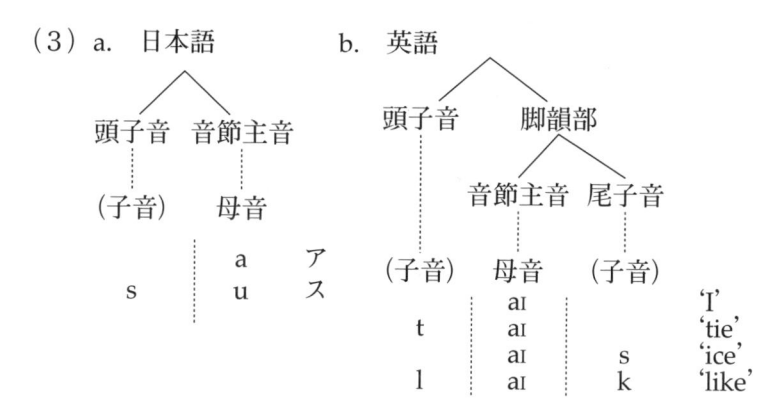

```
        音節                            音節
       /    \                          /    \
     頭子音  音節主音              頭子音   脚韻部
      |      |                      |      /   \
    (子音)  母音                  (子音) 音節主音 尾子音
                                          |      |
                                       (子音)  母音  (子音)
      s     a   ア                     
            u   ス                       t     aɪ           'I'
                                               aɪ           'tie'
                                               aɪ    s      'ice'
                                         l     aɪ    k      'like'
```

さらに、分節音より大きく音節より小さい**モーラ** (mora) という単位が認められる。モーラは分節音の長さや音節の重さ、強勢などにおいて重要な役割を果たす。(音節の重さについては1.4.3.で述べる。) 日本語、英語どちらの言語でもその記述において、モーラと音節の両方が必要であると考えられるが、日本語はモーラを韻律の基本単位とし、英語は音節を基本単位とする言語であると言える。また、日本語ではモーラがリズムの単位となる (4.3.1.参照)。モーラと音節が同一のものとされ、区別されないことがあるが、長音、撥音、促音などを含む場合を考慮しても、(4) に示すように区別する必要がある。(σ＝音節、μ＝モーラ)

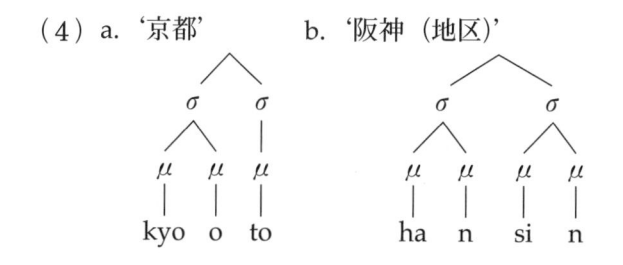

(4) a. '京都'　　　　b. '阪神（地区）'

```
     σ    σ              σ         σ
    / \   |              / \       / \
   μ   μ  μ             μ   μ     μ   μ
   |   |  |             |   |     |   |
  kyo  o  to           ha   n    si   n
```

1.4.2　開音節と閉音節

尾子音をもたない音節を**開音節** (open syllable)、尾子音をもつ音節を**閉音節** (closed syllable) と呼ぶ。日本語の場合、促音と撥音を除け

ば、基本的には開音節であり、反対に英語には開音節と閉音節の両方が認められる。この音節構造の違いが、日本人の「英語らしくない」発音を生み出してしまうと言える。すなわち、英語の閉音節の構造に対し、母音を挿入して日本語の開音節に変えてしまうのである。例えば、英語の stress は 1 音節語であるが、日本語では「ストレス (su.to.re.su)」と 4 音節になる。この日本語の「ストレス」を英語の場合でも用いてしまえば、英語らしいとは言えなくなってしまうのである。なお、英語では頭子音には前述の spring のように最大 3 つの子音が許され、尾子音では attempts のように最大 4 つの子音が許される。

音節主音は通例母音であると述べたが、強勢のない音節で、子音が音節主音になる。これを**音節主音的子音**（syllabic consonant）と呼ぶ。button/bʌ́tən/ が ［bʌ́tn̩］と発音される例に見られるように、音節主音的子音となる子音は主として /n, l, r/ で、/m, ŋ/ にも見られる。

1.4.3　音節量

音節には重さがあると考えられ、その重さを**音節量**（syllable weight）と呼ぶ。この音節量は音節の内部構造によって決まる。脚韻部が枝分かれする構造をもつ音節を**重音節**（heavy syllable）、枝分かれしない構造をもつ音節を**軽音節**（light syllable）という。これらの決定には頭子音は関与せず、それぞれ（5）に示す音節構造をしている。

　　　（5）軽音節：(C) V
　　　　　　重音節：(C) VV、(C) VC

V は**短母音**（short vowel）を表し、短母音で終わっている音節は軽音節、VV は**長母音**（long vowel）または**二重母音**（diphthong）を表し、長母音か二重母音で終わるか子音で終わっている音節は重音節である。（なお、重音節よりさらに重い音節を認め、**超重音節**（superheavy syllable）と呼ばれることがある。(C) VVC や (C) VCC がこれにあたる。）この音節量は**語強勢**（word stress）の位置を決定する際の重要な

要素となる。(母音については2.1.で、語強勢については4.2.で述べる。)

音節は英語の音声現象を音韻論的に記述・分析する際、大変重要な役割を果たす。様々な現象が音節を引き金として起こることが分かっている。音節という単位そして英語と日本語の音節構造の違いを認識することは英語の学習においても必要なことである。

1.5 標準発音

日本人の英語学習者にとって、学習の１つの目安になるのが**標準英語**（Standard English）である。標準英語とは社会的あるいは政治的に認められ、教養ある階級が用いる英語のことである。発音について言えば、アメリカとイギリスの標準発音は次のようになる。

アメリカの標準発音は伝統的に**一般米語**（General American、略GA）と呼ばれ、東部や南部などを除いた地域で話される最も一般的なアメリカ英語の発音と考えられる。一般米語は全国ネットのアナウンサーなども使用することから**ネットワーク英語**（Network English）とも呼ばれ、この地域性を持たない教養ある発音様式は**ネットワーク・アクセント**（Network accent）と呼ばれることがある。

一方、イギリス英語（実際にはイングランド）の標準発音は、一般に**容認発音**（Received Pronunciation、略RP）と呼ばれる。元来、「ロンドンを中心とした」という地域性があったが、現在では地域性は失われ一種の階層方言であるといわれる。すなわち、政治・経済・教育などの指導層が話す英語と考えられる。ただし、RPの中でも、**保守的**（conservative）RP、**一般的**（general）RP、**先進的**（advanced）RPなどと呼ばれるような相違や変化が見られる。

近年では、テムズ川河口域から広まった**河口域英語**（Estuary English）と呼ばれるタイプの英語が注目されている。河口域英語はRPに似ているが、RPと異なり社会階層と結びつかない方言であると言われる。なお、BBCのアナウンサーがRPを用いるということでRPを**BBC英語**（BBC English）と呼ぶ者もあるが、最近ではBBCのアナ

ウンサーでも河口域英語に近い発音をする者もいる。

　イギリスでもアメリカでも様々な方言があるからとか、RP話者は人口の3％以下であるから意味がないという理由で標準発音が否定されることがあるが、これは的を射ていない。標準発音は音声学の研究にとって必要というだけでなく、学習者にとっても必要である。外国語として英語を学ぶ者にとっては、学習の基準としての標準発音は大変重要な意味を持つからである。

1.6　調音器官と発声のメカニズム

　次節では英語の音声の詳細を見ることにするが、その前に、そもそも我々人間はどのようなメカニズムで発声するのかを見ておきたい。音声の産出に関わる器官は音声器官と呼ばれる。しかし、肺から鼻・口にいたる音声器官には音声専用の器官があるわけではなく、それぞれの器官が副次的に使用されたものである。例えば、我々は食物を取るための器官である口を、音を出すために利用しているのである。

　肺（lung）で作られた**気流**（air stream）は**喉頭**（larynx）を通って口や鼻から外へ出てゆく。喉頭とはいわゆる「のど仏（Adam's apple）」のことであり、音声を作る際とても重要な役割を果たす**声帯**（vocal cords）が収められた軟骨で囲まれた箱状の部分である。声帯は左右に1つずつある対になったひだで、この左右の声帯の間のすき間を**声門**（glottis）と呼ぶ。声帯の開閉、すなわち声門の状態により、**ささやき声**（whisper）や**つぶやき声**（murmur）など様々な音が発せられるが、**無声**（voiceless）と**有声**（voiced）の違いもこの声門の状態の違いによるものである。声門が開いているとき、肺からの呼気がそのまま声門を通過して**息**（breath）となり、**無声音**（voiceless sound）が作られる。一方、声帯が接近した状態で肺からの呼気が声門を通過するとき、声門は開閉を繰り返し周期的に振動する。この時、**声**（voice）が生ずる。この声を伴う音声が**有声音**（voiced sound）である。

[図1] 声門の状態と声

　　　a. 無声　　　b. 有声　　　c. ささやき

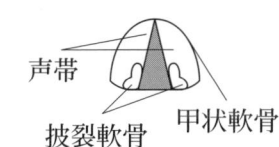

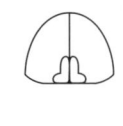

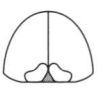

声帯
披裂軟骨　甲状軟骨

　喉頭を通過した呼気は口や鼻を用いて調音されることになる。喉頭より上の音声器官は次の図のようになる。

[図2] 音声器官

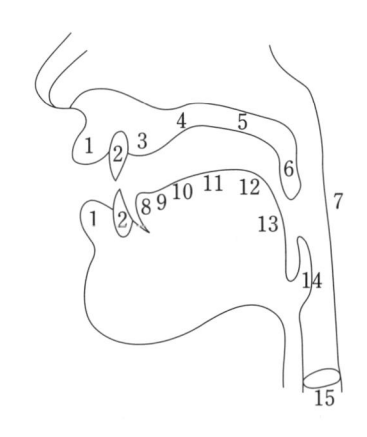

1. 唇（lips）
2. 歯（teeth）
3. 歯茎（alveolar ridge）
4. 硬口蓋（hard palate）
5. 軟口蓋（soft palate / velum）
6. 口蓋垂（uvula）
7. 咽頭壁（pharynx wall）
8. 舌尖（tip）
9. 舌端（blade）
10. 前舌面（front）
11. 中舌面（center）
12. 後舌面（back）
13. 舌根（root）
14. 喉頭蓋（epiglottis）
15. 声帯（vocal cords）

2. 分節音

　音声学や音韻論では**分節音**（**segment**）という用語を用いるが、これは連続する音の流れの中から単体で音を取り出したものを指し、catという単語であれば、/k/、/æ/、/t/という３つの分節音が並んでいるのである。一方、分節音より大きな領域（例えば、リズムや音調など）を指して**音律**（**prosody**）や**超分節的**（**suprasegmental**）などの用語が用いられる。

ここでは、まず分節音すなわち**母音**（vowel）と**子音**（consonant）を取り上げることにする。

2.1 母音

2.1.1 母音の分類方法

母音は、音声学的には、「肺から出た息、すなわち気流が途中、口の中で妨げられることなく通過して出ていく音」と定義される。これはまさに調音的特徴を捉えた定義である。一方、「母音は音節主音となる」という定義は音韻論的な見方であると言える。

母音は次の3つの基準により分類できる。

①舌の前後の位置：舌のどの部分を持ち上げるか
②舌の高低の位置：舌をどのくらい高く持ち上げるか
③唇の形：唇を丸くするか、しないか

それぞれの基準により、母音が区別され異なった名称で呼ばれる。①の基準により、前舌面が持ち上げられる**前舌母音**（front vowel）、中舌面が持ち上げられる**中舌母音**（mid vowel）、後舌面が持ち上げられる**後舌母音**（back vowel）が区別される。②により、最も高く舌が持ち上げられる**高母音**（high vowel）から、**中高母音**（mid-high vowel）、**中低母音**（mid-low vowel）、**低母音**（low vowel）という順に高さが低くなる。③によって、唇を丸める**円唇母音**（rounded vowel）と唇を丸めない**非円唇母音**（unrounded vowel）が区別される。

イギリスの著名な音声学者Daniel Joneは、母音を客観的に記述するための尺度として**基本母音**（Cardinal Vowels）を考案した。基本母音自体は、実在する特定の言語の母音に基づいたものではなく、理論的・人為的に設定されている。この基本母音は図3のように表され、現在も母音の位置を示すため利用されている。なお、この図3は基本母音の一部のみを示している。

[図3] 基本母音図

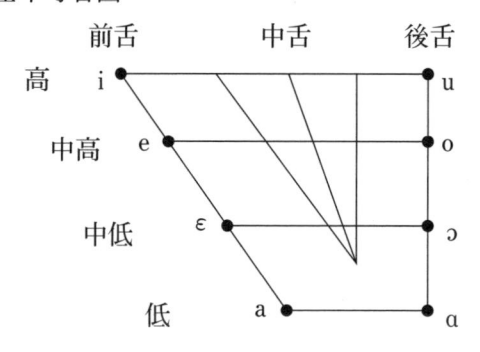

```
           前舌      中舌      後舌
    高    i ●————————————————● u
    中高      e ●——————————● o
    中低        ε ●————————● ɔ
    低            a ●——————● ɑ
```

2.1.2 英語の母音

英語の母音は**単一母音**（monophthong）と二重母音（diphthong）に分けることができる。アメリカ英語では/ɪ, ɛ, æ, ʌ, ʊ, ə, iː, ɑː, uː, ɚː/という単一母音と/eɪ, aɪ, aʊ, ɔɪ, oʊ/という二重母音が認められる。日本語の5つの母音「ア、イ、ウ、エ、オ」とアメリカ英語の母音の位置を比べると図4のように表すことができる。

[図4] 日本語とアメリカ英語の母音

日本語の母音　　　　アメリカ英語の母音

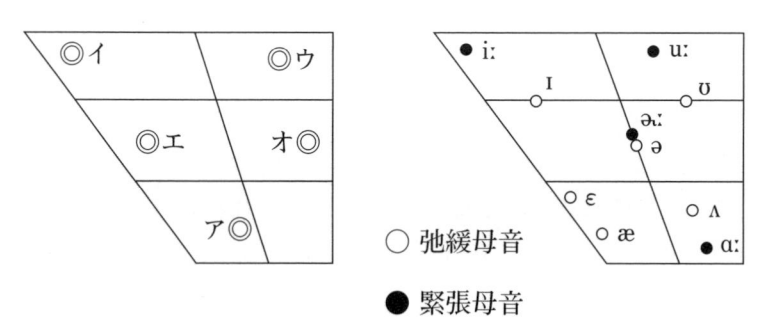

○ 弛緩母音
● 緊張母音

ここで注意すべき点は、アメリカ英語について○で示した**弛緩母音**（lax vowel）と●で示した**緊張母音**（tense vowel）の区別がなされていることである。特に/iː/と/ɪ/、/uː/と/ʊ/という発音記号で示される

対立は、一般には長母音と短母音として区別されることが多い。その場合は発音記号も/iː/と/i/、/uː/と/u/と示され、単に長さの違いととらえられている。しかし、同じ条件であれば/iː/は/ɪ/より長いのが普通であるが、前後関係によって長さは変化し、/iː/は/ɪ/より常に長いというわけではない。例えば、beatの/iː/と前後関係が同じであるbitの/ɪ/を比べると、beatの/iː/はbitの/ɪ/より長くなるが、bidの/ɪ/と比べると同じくらいの長さか短くなることもある。このようなことから、例えばbeatとbitの母音の違いは単なる長さの違いではなく、音質自体が異なっていると捉えるべきである。緊張母音は音色が鋭く、弛緩母音は音色が鈍いという違いがあり、beatの/iː/は日本語の「イー」に、bitの/ɪ/は日本語の「エ」に近く聞こえる。ただし、緊張母音と弛緩母音の音声学的な区別の基準として、筋肉の緊張の度合い、舌の高さ、呼気圧の強さなどが示されることがあるが、実際にはその関係がはっきりしているわけではない。英語学習者が実際に発音する際には、図4に示される舌の位置を確認しながら、緊張母音では舌や唇を緊張させ、弛緩母音では舌や唇の力を抜いて発音するということを意識すべきである。また、この緊張母音と弛緩母音は、現れる音節のタイプが異なる。弛緩母音は強勢のある開音節に現れることはない。/bít/や/gód/は認められるが、/bí/や/gó/は認められない。この場合、弛緩母音は後ろに子音が続くことを要求する。一方、緊張母音は、強勢のある開音節に現れることができるので、two/túː/や spa /spáː/が認められる。なお、二重母音も緊張母音に分類される（boy /bɔ́ɪ/）。

次に、英語の母音に関する発音上の注意点を簡単に見ておく。なお、アメリカ英語とイギリス英語で母音が異なる場合、/米音｜英音/の形で示す。

(A) 弛緩母音
① /ɪ/: bit, kit, rhythm
　日本語の「イ」と「エ」の中間の母音。単に/iː/が短くなった/i/ではなく、音色が/iː/とは異なることに注意が必要である。

② /ɛ/: dress, bed, head, many
   日本語の「エ」より少し低い。
③ /æ/: bad, hand, lamp, trap
   日本語の「ア」より前寄り。口を大きめに開き、舌の中程を前に突き出し気味にすることを意識するよい。なお、after、bath、cast、laughなどでは英音は/ɑː/。
④ /ə/: about, comma, common, August, woman, delicious
   シュワー (schwa) と呼ばれるこの母音は口の中央部付近が調音点である。アクセントのある位置には現れず、短く弱い音と考えてよい。
⑤ /ʌ/: strut, bud, love, come
   イギリス英語では日本語の「ア」に近い舌の位置で発音される。アメリカ英語では「ア」より少し高くまた後ろで発音される。
⑥ /ʊ/: foot, good, put
   日本語の「ウ」と「オ」の中間で、一般に軽い円唇性を伴うと言われる。
● /ɑ｜ɔ/: lot, odd, god, wash
   アメリカ英語での/ɑ/の調音位置は/ɑː/に準ずるが、代わりに/ɑː/が用いられることもある。イギリス英語での/ɔ/は日本語の「オ」よりかなり低く唇の丸めを伴う。/ɔ/に対しては/ɒ/という記号が用いられることもある。

(B) 緊張母音

⑦ /iː/: tree, these, leaf, seize, piece, police
   日本語の「イ」の音質に近いが、英語の場合、唇が左右に強く引っ張られる。写真を撮るとき日本でも以前は「はい、チーズ」というかけ声をかけていた。これはおそらく、英語の "Say cheese!" を取り入れたのだろうが、英語でこのかけ声が使われるのは cheese の /iː/のとき、唇が引っ張られてにっこり笑っているように見えるからであろう。

⑧/ɚː | əː/: nurse, stir, courage
　米音の/ɚː/は英和辞書などではしばしば/əːr/と表記されている。音声的には子音の/r/と同じ性質であり、/r/を長く伸ばしたものと考えればよい。すなわち、2.2.2の図6に示す/r/の口の形で音を伸ばせばよい。

⑨/uː/: goose, two, blue
　日本語の「ウ」に近いが、一般に日本語「ウ」と違う点として英語/uː/では強い唇の丸めを伴うということが挙げられる。

⑩/ɑː/: calm, father, palm
　日本語の「ア」に比べ、舌の位置はかなり低く、後ろ寄りである。

●/ɔː/: thought, law, caught, saw
　イギリス英語では日本語の「オ」より後ろ寄りで、唇の丸めを伴う。アメリカ英語ではイギリス英語よりも舌の位置が低く、唇の丸めも小さい。アメリカ英語では代わりに/ɑː/が用いられることもある。

2.1.3　二重母音

　二重母音はひとつの音であり、1音節内で、ある母音の位置から別の母音の方向へと移行するのである。前述のとおり、アメリカ英語では/eɪ, aɪ, aʊ, ɔɪ, oʊ/という二重母音が認められるが、/ɪɚ, ɛɚ, ɑɚ, ɔɚ, ʊɚ/も r 二重母音（*r*-diphthong）と呼ばれ、一種の二重母音とみなされる。

　英語の二重母音/aɪ/は1つの音であるのに対し、日本語の「愛」(ai) は元々は a, i のそれぞれがひとつの音であり、それらが並んでいるにすぎないという点は注意すべきである。また、元々は二重母音であったものが日本語に入ると単一母音となることがある。例えば、cake /kéɪk/は「ケーキ」、coat /kóʊt/は「コート」となる。こういった現象は英語にも見られ、cakeが/kéːk/、coatが/kóːt/と発音されることがある。

　英語の二重母音をまとめると次のようになる。アメリカ英語とイギリス英語で発音が違う場合は/米音 | 英音/で示す。

①/eɪ/: f*a*ce, d*ay*, st*ea*k, w*ei*ght, ob*ey*
②/aɪ/: pr*i*ce, h*i*gh, tr*y*
③/aʊ/: h*ou*se, m*ou*th, all*ow*, h*ow*
④/ɔɪ/: *oi*l, ch*oi*ce, b*oy*, t*oy*
⑤/oʊ│əʊ/: g*oa*t, sh*ow*, n*o*, s*ou*l
⑥/ɪɚ│ɪə/: n*ea*r, h*e*re, s*e*rious, b*ee*r
⑦/eɚ│eə/: squ*a*re, p*ai*r, v*a*rious
⑧/ɑɚ│ɑː/: st*a*rt, f*a*rm, c*a*r
⑨/ɔɚ│ɔː/: n*o*rth, w*a*r, s*oa*r
⑩/ʊɚ│ʊə, ɔː/: c*u*re, p*oo*r, j*u*ry

[図5] アメリカ英語の二重母音

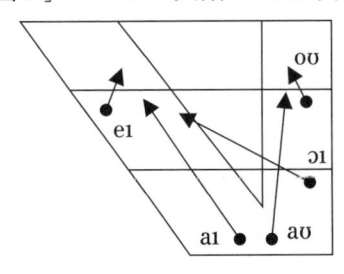

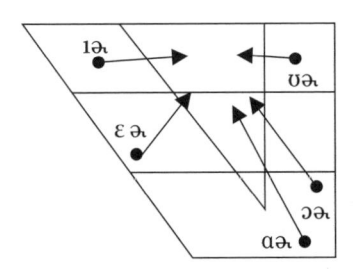

2.2 子音

子音は前述の母音とは逆に、気流が口のどこかで妨げられて発音される音である。一般に、子音は①**調音位置**（place of articulation）、②**調音様式**（manner of articulation）、③声の有無という3つの基準で分類される。以下、3つの基準による分類を英語の子音と簡単な説明を付けて示す。

2.2.1 調音位置による分類

①**両唇音**（bilabial）：上下両方の唇で作られる音（/p, b, m/）
②**唇歯音**（labiodental）：下唇と上（前）歯で作られる音（/f, v/）
③**歯音**（dental）：舌尖（または舌先）と前歯で作られる音（/θ, ð/）
④**歯茎音**（alveolar）：舌尖または舌端と歯茎で作られる音（/t,

d, n, s, z, l/）

⑤**後部歯茎音**（post-alveolar）：舌尖または舌端と歯茎の後部で作られる音（/ʃ, ʒ, tʃ, dʒ, r/）

⑥**硬口蓋音**（palatal）：硬口蓋と前舌面で作られる音（/j/）

⑦**軟口蓋音**（velar）：軟口蓋と後舌面で作られる音（/k, g, ŋ, w/）

⑧**声門音**（glottal）：声門で作られる音（/h/）

2.2.2　調音様式による分類

調音様式とは音をつくる時の声道内部の状態を指す。

・**阻害音**（obstruent）

①**閉鎖音**（stop）：/p, b, t, d, k, g/

閉鎖音は「閉鎖→保持→破裂」というプロセスで作られる。そのため、別の閉鎖音や鼻音が後続する場合や語末などでは破裂が聞こえないことがある。また、/p, t, k/は語頭およびアクセントのある母音の前では気音が生じる。

②**摩擦音**（fricative）：/f, v, s, z, ʃ, ʒ, θ, ð, h/

摩擦音は声道が狭められ、その狭められた所で呼気が摩擦を起こすことで生じる音である。閉鎖音とは異なり、摩擦音は息の続くかぎり引き延ばすことができる**継続音**（continuant）である。

/f, v/は下唇の内側を上の前歯の先に軽くつけて発音する。

/s/については日本語とほぼ同じであるが、/z/は日本語のザ行の音で用いられる［dz］で代用することはできないので注意が必要である。

/ʃ, ʒ/は日本語のシャ行、ジャ行に近いが、日本語よりも唇を丸めて突き出す点が異なる。また、decision、pleasureなどでは/ʒ/を/dʒ/で代用しないよう注意が必要である。

/θ, ð/は舌尖が上の前歯の先またはうらに軽く当てるか、上下の歯の間から少し出して発音する。後者の発音方法で出される音は**歯間音**（interdental）と呼ばれることがある。

/h/は日本語の「ハ」、「ヘ」、「ホ」と同じと考えてよいが、日本語では「ヒ」は［ç］、「フ」は［Φ］が用いられるので注意が必要である。

③ **破擦音**（affricate）：/tʃ, dʒ/

　破擦音はその名のとおり、破裂音で始まり摩擦音で終わるというように両者の性質を持った音である。

　/tʃ, dʒ/は日本語のチャ行、ヂャ行にそれぞれ近いが、唇の丸めを伴う。

　/ts, dz, tr, dr/も破擦音として分類されることがある。/ts/は日本語の「ツ」とほぼ同じである。しかし、/dz/は/z/にならないよう注意が必要である。

　/tr, dr/では/t, d/より調音点が後ろ寄りとなる。例えば、troubleは「チャボー」のように聞こえることがあるが、日本人学習者にとってはtとrを別々の音としてとらえるよりも、1つの音として考える方が理解しやすいかもしれない。

・**共鳴音**（sonorant）

④ **鼻音**（nasal）［正確には**鼻腔閉鎖音**（nasal stop）］：/m, n, ŋ/

　/m/は日本語のマ行音と同じで特に問題はないが、/n/は日本語のナ行音とは調音点が少し異なることと語末にくる場合、日本語の「ン」(/N/) で代用してはならないという点を注意すべきである。日本語の「ン」は舌尖が上あごに接触しない。

　/ŋ/では、singer/sɪŋɚ/のように発音し余分な/g/を入れないように注意が必要である。ただし、fingerでは/fɪŋgɚ/となる。

⑤ **接近音**（approximant）：/l, r, w, j/

　アメリカ英語の/r/は音声的には/ɚː/と同じ性質を持つ。アメリカ英語における/r/の発音の仕方は二通りに大別できる。1つは**反り舌のr**（retroflex *r*）と呼ばれ、もう1つは**軟口蓋のr**（velar *r*）または**隆起のr**（bunched *r*）と呼ばれ、図6に示すような舌の位置で発音される。ただし、この二通りで発音された

/r/の音色はほとんど同じである。また/r/は語頭とアクセントのある母音の前では唇の丸めと突き出しを伴う。

[図6] アメリカ英語の/r/

    a. 反り舌のr   b. 隆起のr

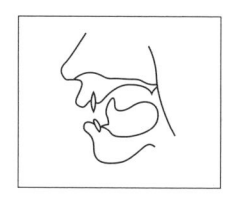

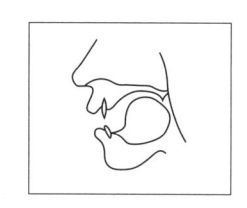

　一方、/l/は**側面音**（lateral）[正確には**側面接近音**（lateral approximant）]と呼ばれる。/r/の発音では、舌尖が上あごに接触しないのに対して、/l/は舌尖を上の前歯の裏から歯茎あたりに強く付けて発音される。その時、舌の両側（または片側だけ）は接触せずに開いていて、息がそこを通って外へ出ていくことができる。また、/l/には「**明るいl**」（clear *l*）[l]と「**暗いl**」（dark *l*）[ɫ]の2種類がある。ただし、一般的にアメリカ英語では主に暗いlのみが用いられ、2種類の/l/を区別するのは主にイギリス英語であると言われる。イギリス英語では母音の前では明るいlが用いられ、子音の前や語末では暗いlが用いられる。一方、アメリカ英語では母音の前でも暗いlが用いられる。明るいlは「イ」に似た響きがあり、暗いlは「ウ」または「オ」に似た響きがある。

　/w/は日本語の「ワ」と比べると強い唇の丸めを伴う。なお、whoなどwhの綴り字に対しては最近ではアメリカ英語でも/hw/より/w/が一般的であると言われる。

　/j/は日本語の「ヤ」、「ユ」、「ヨ」の出だしの音と同じであるが、/j/が日本語では母音の「ア」、「ウ」、「オ」の前にしか起こらないのに対し、英語ではどの母音の前でも起こる。故に、/jiː/、/jɪ/、/je/という連鎖には注意が必要である（例：yeast

/jiːst/、Yiddish /jɪdɪʃ/、yet /jet/)。

なお、/j, w/は音声学的には母音的性質を持ち、音韻論的には子音的性質を持つ。そのため、母音的性質の子音という意味で「**半母音 (semi-vowel)**」とか「**わたり音（glide）**」と呼ばれることがある。

2.2.3 声の有無による分類

これは、1.6. で述べた有声と無声の区別、すなわち声帯振動の有無による分類である。すなわち声帯振動を伴う（有声で発音される）ものを有声音と呼び、声帯振動を伴わない（無声で発音される）ものを無声音と呼び区別する。例えば、無声音の/p/と有声音の/b/は発音する際、唇や舌の位置といった口の構えは同じであるが、声帯振動を伴うか否かのみで区別されるのである。

なお、隣接する音の影響で声の同化を起こし、無声音が有声で発音される現象を**有声化**（voicing）と呼び、反対に有声音が無声で発音される現象を**無声化**（devoicing）と呼ぶ。有声化は [ˬ] の記号で表され、無声化は [˳] の記号で表される（例：o[b̥] tain、al[t̥] ogether)。

以上の子音の分類をまとめると次の表のようになる。この表では、同じ枠内では左側にある音が無声音、右側にある音が有声音、点線より上が英語の子音、点線より下が日本語の子音となっている。

[表1] 英語と日本語の子音

		調音位置								
		両唇	唇歯	歯	歯茎	歯茎後部	硬口蓋	軟口蓋	口蓋垂	声門
調音様式	閉鎖音	p b			t d			k g		
		p b		t d				k g		
	摩擦音		f v	θ ð	s z	ʃ ʒ				h
		(Φ)			s z	(ʃ) (ç)				h
	破擦音					tʃ dʒ				
					(ts) (dz)	(tʃ) (dʒ)				
	鼻音	m			n			ŋ		
		m		n				(ŋ)	N	
	弾音				r					
	接近音					r	j	w		
							j	w		
	側面音				l					

3. 音声現象

3.1 同化

ある音が隣接する音の影響を受けて、その音に似通った性質に変わる過程を**同化**（assimilation）という。ここでは、代表的な同化の例をいくつか見ておきたい。同化の現象は初学者は必ずしもまねをする必要はないが、少なくともリスニングのためには同化に関する知識は必要である。なお、同化は発話を楽にするために自然に起こるものであり、テンポの速い発話で生じやすく、音の変化の程度も一定ではないという点には注意しなくてはならない。

同化はその方向により次の３つのパターンに分類される。
　①**進行同化**（progressive assimilation）
　　先行する音が後続する音に影響を及ぼす

例：baco*n* [-kn] -> [-kŋ]

②**逆行同化**（regressive assimilation）
後続する音が先行する音に影響を及ぼす
例：new*s*paper [z] -> [s]（声の同化）
　　te*n* pence [n] -> [m]（調音位置の同化）

③**融合同化**（coalescent assimilation）
２つの音が相互に影響を及ぼし合う
例：thi*s y*ear [-sj-] -> [-ʃ-]
　　mee*t y*ou [-tj-] -> [-tʃ-]

going to が「ゴナ」または「ガナ」と聞こえたり、want to が「ワナ」のように聞こえるのも同化の過程を経た結果である。

なお、ある音が隣接する音と異なった性質の音に変わること、すなわち同化と反対の現象を**異化**（dissimilation）というが、同化に比べれば数は圧倒的に少ない（例：surprise/səpráɪz/→[sə-]）。

3.2 脱落

ある音が抜け落ちて発音されなくなる現象を**脱落**（elision）と呼ぶ。脱落の典型的な例として次のようなものがある。

①母音の脱落
　・/ə/：suppose/səpóʊz/→[spóʊz]

②子音の脱落
　・/t, d/：nex*t* time、hol*d* tight、kin*d*ness
　・/θ, ð/：mon*th*s/mʌns/、clo*th*es/kloʊz/
　・/k/：as*k*ed/æst/
　・/l/：a*l*right/ɔːraɪt/（特に［英］）

/l, m/などが音節主音になる場合も脱落の例といえる。また、アメリカ英語でntという連鎖でtが脱落したように聞こえる現象がみられる。例としては、centerが「セナー」、twentyが「トゥウェニー」のように聞こえる場合を挙げることができる。

4. 超分節

4.1 強勢とアクセント

2音節のstudentという単語では、stu-という音節の方が-dentという音節より目立っている。この場合、stu-は-dentより**卓立 (prominence)** が大きいという。この卓立を与えるには、①音の**高さまたはピッチ (pitch)** [または**周波数 (frequency)**]、②音の**長さ (length)** [または**持続時間 (duration)**]、③音の**大きさ (loudness)** [または音の**強さ (intensity)**] という3つの要素が重要な役割を果たす。この3つの中では、①が最も重要で、②が二番目に重要、③の役割が最も低いとされる。

卓立を表す用語としては**アクセント (accent)** と**強勢 (stress)** がある。強勢という用語はこれまで様々で混乱を招くような使われ方をしてきたことは確かである。また、強勢とアクセントが同義的に使われることもあるが、実際には別のものである。

強勢は音声学的には「呼吸筋の仕草 (a gesture of the respiratory muscles)」にあたり、「内肋間筋の収縮 (肺から空気を押し出すために用いられる筋肉のエネルギー)」すなわち筋肉の動きの有無として定義される。本章では、例えば、伝統的に使われてきた**語強勢 (word stress** または **lexical stress)** という呼び方を用いている。強勢は**語彙目録 (lexicon)** に示されている二値的な特性であると考え、(ある音節は)「**強勢がある (stressed)**」か「**強勢がない (unstressed)**」かのどちらかであるとする。強勢のない音節は**弱化母音 (reduced vowel)** すなわち /ə/ をもつ場合と**完全母音 (full vowel)** をもつ場合がある。また、強勢がある音節は音調の核となる場合とそうでない場合がある。この音調の核となる音節を**アクセントのある (accented)** 音節と呼ぶ。**アクセント (accent)** はピッチによる卓立を指す。そのため、本章では文のレベルでは**文強勢 (sentence stress)** という呼び方をせず、**文アクセント (sentence accent)** と呼ぶことにする。なお、強勢とアクセン

トの使われ方については現在でも混乱が残っている。研究者によってまちまちである可能性があるので、注意が必要である。

英語は「**強勢アクセント**（stress accent）」、日本語は「**ピッチアクセント**（pitch accent）」と表現される。すなわち英語では強弱、日本語は音の高さが最も重要と考えられてきた。しかし、実際には英語でも卓立を知覚する上では音の強さより音の高さの変動や音の長さが重要であるといわれている。

4.2 語強勢

語強勢とは単語が単独で発音された場合に与えられる強勢の位置を指す。語強勢の位置を予測する規則を発見することは、長年音韻論の中心的課題の1つであった。しかし、実際にはこの（現代）英語の語強勢の位置に関する一般化という作業は簡単なものではない。その理由は英語の歴史にある。英語には、本来のゲルマン語の語彙とロマンス語（ラテン語やフランス語）からの借入語が存在するため、強勢の体系も複雑なものになっているのである。それでもなお、ある程度、英語の語強勢の位置を予測するための一般的な規則がある。その規則は音節量という概念を用いて次のように表すことができる。

(6) a. 名詞の強勢規則
   1. 語末に近い重音節（(C) VV、(C) VC）に強勢を置く。
   2. 1でなければ、**語末から三番目の**（antepenultimate）音節［**語末第三音節**（antepenult）］に強勢を置く。
 b. 動詞の強勢規則
   1. 語末の音節が重音節ならば、その音節に強勢を置く。
   2. 語末の音節が軽音節（(C) V）ならば、**語末から二番目の**（penultimate）音節［＝**語末第二音節**（penult）］に強勢を置く。

強勢規則に関しては**韻律外性**（extrametricality）というものが認められることがある。韻律外性とは「ある分節音が**韻律外**である（extrametrical）とされると、強勢規則はその分節音を無視して適用される」という概念である。Hayes（1982）は（7）のような**子音韻律外性**（Consonant Extrametricality）という規則を提案している。

（7）子音韻律外性

[+cons] → [+ex]/_____]_word

すなわち語末の子音は韻律外であるということである。（6）と（7）の規則を用いれば、（8）の名詞の例と（9）の動詞の例はうまく予測できる。（例では、音節の切れ目は.で、韻律外の子音（発音されない文字も含む）はイタリック体で示している。また、発音されない綴り字はŧのように示している。）

（8） a. a.ró.ma　　　　a.gén.da　　　　mu.sé.u*m*
　　　b. é.le.phan*t*　　dí.sci.pli*ne*　　po.lýg.a.my
　　　c. e.(l) líp.si*s*　in.spéc.tor　　re.púb.li*c*
　　　d. de.si*gn*　　　ba.(l) ló*on*　　co.cái*ne*

（9） a. o.béy　　　　main.tái*n*
　　　b. tor.mén*t*　　di.vér*t*
　　　c. as.tón.is*h*　con.síd.er

（6b）の動詞の強勢規則は、（10）に示す接辞の付かない形容詞にも当てはまる。

（10） a. poli*te*　　　huma*ne*
　　　 b. peti*te*　　　augus*t*
　　　 c. norma*l*

勿論、（6）に示された規則は一般的な傾向を示しているにすぎず、すべ

ての語の強勢を説明できるわけではないという点には注意が必要である。

4.3 リズム

　言語にはリズムがある。リズムとは卓立のある要素（例えば、英語では強勢、日本語ではモーラ、スペイン語では音節）が一定の間隔で現れると感じられるパターンである。英語によるコミュニケーションにおいてリズムは、個々の音や音調よりはるかに重要であると言われることもある。

4.3.1　日本語と英語のリズム

　上述のとおり、言語によりリズムの基本単位は異なる。英語では強勢を単位とし、強勢のある音節が規則的に現れることでリズムを作り出す。そのため、英語のようなリズムは**強勢拍リズム**（stress-timed rhythm）と呼ばれる。一方、日本語のリズムは、モーラが一定の時間の間隔で現れる**モーラ拍リズム**（mora-timed rhythm）と呼ばれる。

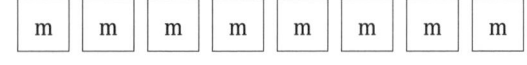

　(11)　a.　英語のリズム

　　　　　Ⓢ ⓦ ⓦ Ⓢ ⓦ ⓦ ⓦ Ⓢ ⓦ ⓦ

　　　　b.　日本語のリズム

　　　　　| m | m | m | m | m | m | m | m |

4.3.2　脚と等時間隔性

　強勢が一定の時間間隔で現れる英語では、**脚**（foot）が1つの単位として役割を果たしていると考えてよい。脚は「強勢のある音節から次の強勢のある音節の直前までの時間の間隔」で、**強音節**（salient syllable）（＝強勢音節）または**無音強勢**（silent stress）が現れる**強音部**（ictus）と強勢のない**弱音節**（weak syllable）が現れる**弱音部**（remiss）からなり、1つ1つの脚は（弱音節の数に関わらす）ほぼ同

じ時間的な長さを持つ。なお、無音強勢とはThank youが'Kyou [k̥kju] と発音される例に見られるような無声音節の強勢をいう。

  (12) 脚 = 強音部 （+ 弱音部）

例えば、This is the house that Jack builtという文は4つの脚からなる。

  (13) | This is the | house that | Jack | built |

また、脚はその中にある単語（実際は音節）の数に関わらず、ほぼ同じ時間の長さで発話される。(ʌは無音強勢)

(14)		Cáts	cháse	míce
	ʌThe	cáts may	cháse the	míce
	ʌThe	cáts should have	chásed the	míce

ほぼ同じ時間というのは物理的に同じ秒数というものではなく、心理的にそのように感じられるということである。このように強勢が一定の時間間隔で周期的に現れることを**等時間隔性**（isochronyまたは**isochronism**）という。また、強勢の位置はテンポによって変化する。例えば、3つの単語が並んだfást réd cárはfást red cárのように二番目の強勢が落とされることもある。

4.3.3　内容語と機能語

　語の範疇とリズムの**拍**（beat）すなわち強音部の位置には一定の相関関係が認められる。重要な語に強勢が置かれるというのが一般的傾向であるが、語の重要度によって大きく二つの範疇に分けたものが、表2に示されるような**内容語**（content word）と**機能語**（function word）である。

[表2]

内容語	機能語
名詞	人称代名詞
動詞	再帰代名詞
形容詞	助動詞
副詞	be動詞
指示代名詞	前置詞
疑問詞	接続詞
数詞	関係詞
否定辞	冠詞
	存在文のthere

内容語ははっきりした概念を表し、独立した意味を担う語を指す。一方、機能語は独立した意味を担わず、文法的な関係を示す役割を果たす語を指す。一般に内容語は文アクセントを受け、機能語は文アクセントを受けないと言われる。

4.3.4 強形と弱形

機能語に属する語は**強形**（strong form）と**弱形**（weak form）の二通りの発音を持つ。機能語は弱形で発音されることが多く、弱形を通常の発音と考えることもある。例えば、助動詞canは強形では［kæn］だが、弱形では［kən］である。だから、強調などがなく普通に発音されるcanは強い「キャーン」ではなく「カン」とか「クン」と聞こえる。前述のリズムを構成する上で、この弱形というものは欠かせない。弱く短く発音される、すなわち等時間隔性のリズムを構成する弱音節というものを学習者は理解する必要がある。弱形の一例を挙げると次のようになる。

[表3]

	強形	弱形
a (冠詞)	eɪ	ə
the	ð	ði, ðə
he	hiː	hɪ, i, ɪ
that	ðæt	ðət
must	mʌst	məst, məs
would	wʊd	wəd, əd, d
to	tuː	tʊ, tə
and	ænd	ənd, ən, n̩d, n̩
has	hæz	həz, əz, z, s

4.4 音調

4.4.1 音調の機能

音調（intonation）[「**抑揚**」と訳されたり、そのまま「**イントネーション**」と言われることもある]とは、ピッチ（音の高さ）の変動によって作り出される言葉のメロディーである。そのメロディーとリズムが合わさって英語の発話が完成する。このリズムとメロディーの関係を音楽になぞらえると、リズムを構成する脚は小節にあたり、ピッチの変動は音符であると考えられる。

音調は様々な機能を果たしている。そのことが音調の分析を難しくしていると言ってよい。音調は次のような機能を持っている。なお、以下の例文中のスモールキャピタルはアクセントのある音節、‖ は**音調句**（intonational phrase）の境界、ˋ は下降調、ˊ は上昇調を示す。

①情報・談話的機能

音調は、情報構造すなわち**新情報**（new information）、**旧情報**（old information または given information）の区別を示す。例えば、(15a) で

は、manが最も重要な情報であり、gardenにもある程度の重要性がある。(15b) では garden は旧情報であると考えられている。(15c) では man も garden も両方とも新情報である。

(15) a. ‖ there's a ˋMAN ‖ in the ˊGARden ‖
b. ‖ there's a ˋMAN in the garden ‖
c. ‖ there's a ˋMAN ‖ in the ˋGARden ‖

(Crystal 1975)

さらに音調は**発話行為**(speech act) または**発話内の力**(illocutionary force) を持つ。例えば、同じ命令文であっても、下降調を用いるか上昇調を用いるかでその印象は大きく異なる。

(16) a. Shut the ˋWINdow
b. Shut the ˊWINdow (, please)

(Tench 1996)

(16a) のように下降調を用いた場合は「(目上の者からの) 命令」、(16b) のように上昇調を用いた場合は「要請、お願い」と解釈される。

また、話し手と聞き手の役割が交替する**話順交替**(turn-taking) においても、音調が重要な働きをすることが知られているが、これも音調の談話的機能と言える。一般に、上昇調より下降調の方が交替のきっかけになりやすいと言われるが、下降調は相手の返答を期待せずに話順が終了したことを示しているのに対し、上昇調は自分の話順が続くことまたは相手に返答を期待していることを示す。

②文法的機能

音調が文の解釈に関わることがある。典型的な例として、平叙文と疑問文の区別が挙げられる。また、old books and CDs という場合には、old が books と CDs の両方を修飾するのか、それとも books だけなのかという点で曖昧である。この曖昧さは音調によって区別され、

booksだけを修飾する場合はbooksの後に音調句の切れ目が置かれることになる。音調句の区切りによって区別されるその他の例としては関係詞節の制限用法と非制限用法の区別を挙げることができる。(17a)の制限用法では文全体が音調句を形成し、(17b)の非制限用法では関係詞節は独立した音調句となる。

  (17) a. Call the teacher who teaches ˋENGlish.
      「英語を教えている先生に電話しなさい。」(制限用法)
    b. Call theˋTEACHer, ‖ who teaches ˋENGlish.
      「先生に電話しなさい、英語を教えてくれるから」(非制限用法)

調子の選択が文の解釈に関わる場合もある。よく知られている例としては部分否定と全体否定の解釈である。(18)では下線部が否定の作用域を示しているが、動詞が作用域に入るか否かは調子の選択と関係がある。anyに下降上昇調を用いれば部分否定の解釈となる。

  (18) a. They doｎ't admitˋ ˊany students.
      「どんな学生でも入学させるというわけではない」
    b. They doｎ't admit ˋany student.
      「どの学生も入学させない」

③話者の態度を示す機能

付加疑問文において、どの調子が用いられるかによって話者の心的な態度が表される。例えば、(19a)のように上昇調を用いれば「不確かで確信がない」ことが示され、(19b)のように下降調を用いれば「疑いなく確信がある」ことを示す。

  (19) a. He is aˋstudent, | ˊisn't he?
    b. He is aˋstudent, | ˋisn't he?

話者の態度は、身ぶりや表情といった**パラ言語学的特徴**

(paralinguistic feature）によっても表される。音声に関わる点に関して見れば、**声の質**（voice quality）は話者の態度を判断する際の重要な要素である。また、異なった**高さ変動域**（pitch range）を用いることで異なった心理を表すことができる。例えば、"Good morning." という挨拶でも、morningを低下降調（低い高さからの下降）で発話すれば、型通りの挨拶ということになるが、morningを高下降調（高い所からの下降）を用いれば、「こんな所で会えるとは思わなかった」というような軽い驚きの響きを持つ。さらに人は興奮すれば声の高さが上がるし、声が大きくなり、テンポも速くなる。逆に、落ち込んでいる人は声の高さが下がり、静かにゆっくり話すという傾向が見られる。

④（話し方の）スタイル機能

　異なった話し方のスタイルあるいはジャンルの違いを聞き分ける際に、音調が重要な役割を果たしていると考えられる。これは、調子の選択や音調句の区切り（長さ）などによるところが大きい。例えば、普通の会話とニュースの放送ではかなり異なった音調が用いられる。ニュース放送が整然とした印象を受けるのは、音調句の区切りが明確で典型的に下降調で終わるといった音調的特徴にもよると言える。また、（教会での）祈りは全体的にピッチの変化がなく**平板調**（level tone）が用いられ、Amenと言うときだけ下降調が用いられるというスタイルである。

　これらの音調の機能は、次の3つの要素により具現されていると言える。
　①**音調句**（intonational phrase）の分割：発話をどのように区切るか。
　②アクセント（または**核**（nucleus））の位置：どこを目立たせるかあるいはどこにアクセントを置くか。
　③**調子**（tone）の選択：どのようなピッチの変動（音の上げ下げ）を用いて発話するか。
この3つの要素が重要であることは長く認められてきた。例えば、

Halliday（1967）はそれぞれの要素を tonality、tonicity、tone と呼び、音調に関する重要な選択であるとしている。ここではこれらの点についてどのような記述・分析が行われてきたかを概観する。

4.4.2 音調の区切り

音調を記述するための基本的な単位についてはこれまで様々な提案がなされており、一例を挙げると、生理的基準に基づく「**呼気段落 (breath group)**」、意味・文法的基準に基づく「**意義群 (sense-group)**」、音声・音韻的基準に基づく「**調子単位 (tone-unit)**」などがある。この音調の単位（一般的な総称として「音調句」と呼ばれる）はテンポや話し方のスタイルなどによってその境界が変化することがあるが、統語構造の境界とほぼ一致すると考えられる。

音調句の構成についてはいくつかの考え方があり、音調句を複数の部分に分割するという手法が伝統的にとられてきた。二分割と四分割が主なものと言えるが、核と呼ばれる最も大きな卓立を持つ音節を境にすることはほぼすべてに共通している。［表4］は代表的な例を示している。

［表4］

	Her	daughter went to	Lon	don
O'Connor & Arnold (1973) Crystal (1969)	前頭部 (Prehead)	頭部 (Head)	核 (Nucleus)	尾部 (Tail)
Pike (1945)	前曲線 (Precontour)		主要曲線 (Primary Contour)	
Halliday (1967)	前調子 (Pretonic)		主調子 (Tonic)	

4.4.3 調子

調子とは、ピッチの変動のことであるが、変動せず一定の高さを維持する場合も含まれる。中国語では語の意味を区別するのに音の高さ

を用いることがよく知られているが、英語の場合、このようには用いられることはない。なお、中国語のように語の意味を区別する言語の場合、tone は「声調」または「語調」と訳されることが一般的である。

O'Connor & Arnold (1973) では、次の7つの核調子を認めている。

(20) 核調子
①低下降調（low fall）　②高下降調（high fall）
③低上昇調（low rise）　④高上昇調（high rise）
⑤上昇下降調（rise-fall）　⑥下降上昇調（fall-rise）
⑦中位平板調（mid-level）

近年の研究では、基本となる核調子の数を限定し、基本形以外は基本形からの派生形であると考えられている。例えば、下降調と上昇調の二つを基本形と考える立場では、それぞれ「下降調＝完結・確定」、「上昇調＝継続（未完）・不確定」という漠然とした抽象的な意味を持つとし、上昇下降調、下降上昇調、平板調などは基本となる下降調と上昇調の組み合わせまたは変形と考えられる。そして、それらが文脈などと結びつくことにより、様々な細かな意味や話者の態度を生み出すことになる。前述の通り、音調は平叙文と疑問文の区別をする機能を持つが、一般に肯定文は下降調、疑問文は上昇調といわれるのは調子の持つ意味からそれぞれと結びつきやすい傾向があるということであり、形は肯定文であっても上昇調で発話されたり、yes-no 疑問文が下降調で発話されることも当然あり得る。

5. 音韻理論

この節では、生成音韻論ではどのような提案がなされてきたかを簡単に見ていきたい。もちろん、個々で取り上げる提案以外にも数多くの理論が提案されている。

5.1 素性と規則

生成音韻論では伝統的に規則と派生に基づく記述・分析が行われてきた。初期の生成音韻論の代表であるSPEでは次のように考えていた。

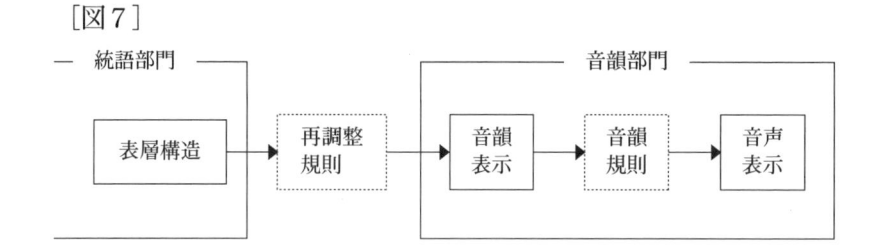

[図7]

```
 ― 統語部門 ―            ――――― 音韻部門 ―――――
┌──────┐   ┌──────┐   ┌──────┐   ┌──────┐   ┌──────┐
│表層構造│ → │再調整│ → │音韻  │ → │音韻  │ → │音声  │
│      │   │規則  │   │表示  │   │規則  │   │表示  │
└──────┘   └──────┘   └──────┘   └──────┘   └──────┘
```

音韻論の記述では**音韻素性**（phonological feature）が用いられる。音韻素性には分節素性と境界素性がある。分節素性は**二項対立**（binary opposition）をなす、すなわち＋か－のいずれかの指定を受ける**二項素性**（binary feature）で、**弁別的素性**（distinctive feature）とも言われる。弁別的素性を設定する基準は音声学に求められることが多い。SPE以前には音響音声学を基にしていたが、SPEでは調音音声学を基に素性を設定している。そして、分節音は素性の束から成ると考えられた。

もう一つの特徴として、**基底形**（underlying form）を入力とし、**音韻規則**（phonological rule）が適用されて**音声形**（phonetic form）が出力されると考えられた。この過程が**派生**（derivation）と呼ばれる。音韻規則は次のような形式をとる。

(21) A → B / X ___ Y

→は「右のように指定される」あるいは「変化する」を意味し、／は「右の環境において」、___は「この位置において」を表す。具体的に示すと次のようになる。

(22) 鼻音化
　　　V → [+nasal] / ＿＿＿ [+nasal]
　　　(例：can't /kænt/ → [kæ̃nt])

　現在でも、素性は音韻表記において重要な役割を果たしている。素性の理論は、予想可能な素性の値を未指定にすると仮定する**不完全指定理論**（underspecification theory）や素性は機能的関連により階層的に配置されると考える**階層的素性配列理論**（feature geometry）などの登場により、その後大きな発展を遂げている。(cf. Sagey (1986))

5.2　韻律理論

　相対的卓立（relative prominence）という概念を用い、リズムと強勢について説明しようとするのが韻律音韻論であり、Liberman & Prince (1977) がほぼその出発点であると考えられる。SPEでは強勢規則により分節素に [1 stress]、[2 stress]、[3 stress] などという形で唯一の**多項的**（*n*-ary）素性である強勢素性が指定されるとされ、[stress] という素性は分節のレベルに属すると考えられていた。一方、韻律音韻論では、強勢を相対的な強（S）と弱（W）という二項対立ととらえ、**韻律樹**（metrical tree）と呼ばれる枝分かれ図を用いることで、強勢のレベルを記述することを試みた。また、韻律樹以外にも**韻律格子**（metrical grid）も用いられる。韻律格子は×印を積み上げた柱で表され、その高さの違いが卓立の違いとなる。

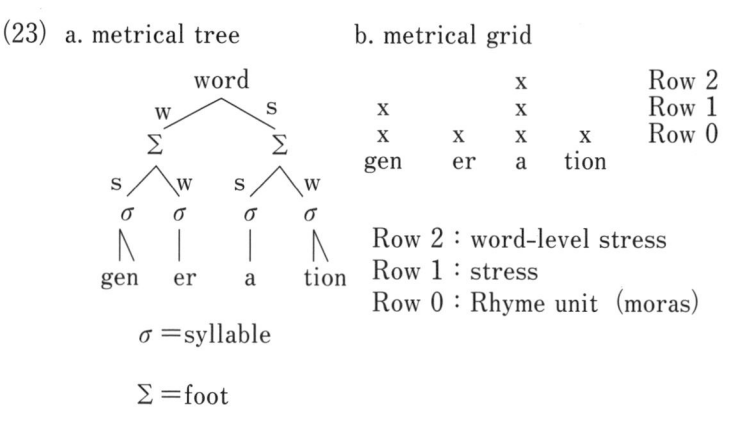

(23) a. metrical tree   b. metrical grid

```
          word                         x        Row 2
       w /\ s                  x       x        Row 1
        Σ    Σ                 x   x   x   x    Row 0
      s/\w  s/\w              gen  er  a  tion
       σ  σ  σ  σ
       |  |  |  |              Row 2：word-level stress
      gen er  a tion            Row 1：stress
                                Row 0：Rhyme unit (moras)
```

σ ＝syllable

Σ ＝foot

一般的に句と複合語では強勢のパターンが異なると言われる。

(24) Énglish téacher「英国人の教師」 Énglish tèacher「英語の先生」
　　 bláck bóard「黒い板」   bláckbòard「黒板」
　　 gréen hóuse「緑色の家」   gréenhóuse「温室」

韻律音韻論ではこの相違を**核強勢規則**（Nuclear Stress Rule、略NSR）と**複合語強勢規則**（Compound Stress Rule、略CSR）により説明する。

(25) [AB]cにおいて
　　 a. NSR: cが句の範疇ならば、BがS
　　 b. CSR: cが語彙の範疇ならば、AがS

単独で発音される場合と後続する語がある場合とでは強勢のパターンが変わるという英語のリズムの現象がある。この現象は、語が句の一部になるとき、強勢が連続することを避け等時間隔性を保とうとするために起こる**強勢移動**（stress shift）である。

(26) a. thirtéen → thírteen mén
　　 b. Japanése → Jápanese stúdent

この現象を説明するため、WSをSWにかえる**弱強反転規則**（iambic

reversal) または**リズム規則**（Rhythm Rule）と呼ばれる規則が設定され、初期韻律理論では韻律樹と韻律格子を両方用いて (27) のように表された。

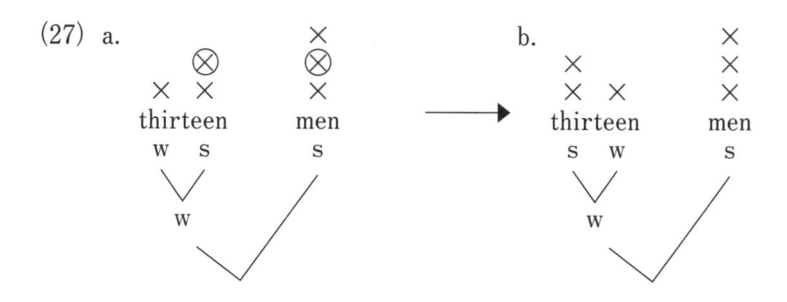

(27) a.
```
           ⊗        ×
        × ×        ⊗
        thirteen   ×
        w   s      men
                   s
            \_____/
               w
```
b.
```
                    ×         ×
                    ×         ×
                  × ×         ×
                  thirteen    men
                  s   w       s
                      _____/
                         w
```

(27a) の韻律格子では○で囲まれた×印が**衝突**（clash）の状態になっている。その衝突を避けるため、(27b) のように×印が移動すると考えられる。このように等間隔性が保たれ強弱の間隔が一定である好ましい韻律格子の型をもつことは**好韻律性**（eurhythmy）と呼ばれる。

韻律理論もその後様々な提案がなされ大きな発展を遂げ、**原理**（principle）とパラメータ（parameter）を用いた分析も行われている（cf. Halle & Vergnaud (1987))。

5.3 音調音韻論

音調を分析する音韻論の分野を総称して**音調音韻論**（intonational phonology）と呼ぶことがあるが、これは特別な枠組みがあるというよりは、自律分節音韻論や韻律音韻論、Nepor &Vogel (1986) などが提案する**音律音韻論**（prosodic phonology）などの考え方を取り入れたものである。

5.3.1 音調句と音律階層

音調音韻論で利用される音律音韻論の概念は、**音律階層**（prosodic hierarchy）である。音律階層とは音律単位が階層的に並べられたもの

で、「ある階層の音律構成素は1つ上の階層の1つの構成素に直接支配されなければならない」という**厳密階層仮説**（strict layer hypothesis）を満たさなければならない。

(28) 音律階層
　　　音韻的発話（phonological utterance, U）
　　　音調句（intonational phrase, IP）
　　　音韻句（phonological phrase, φ）
　　　音韻語（phonological word, ω）
　　　脚（foot, Σ）
　　　音節（syllable, σ）

音調音韻論における音調句とは音律階層のIPのことであると考えてよい。IPは**根文**（root sentence）とほぼ一致するとされるが、(29b)のように制限的関係詞節はそれだけでIPとなる。

(29) a. IP (My uncle lives in London) IP
　　　b. IP (My uncle) IP IP (who is a linguist) IP IP (lives in London) IP

しかし、次の例では多少問題が出てくる。

(30) a. IP (Janet will marry Carlos) IP
　　　b IP (Janet will marry, Carlos) IP

(30a)のCarlosは他動詞marryの目的語でありアクセントを受ける。一方、(30b)のCarlosは**呼格**（vocative）であり、音調の観点からは**音調付加部**（intonational tag）とされ、先行部分とは休止によって区切られるが、アクセントはなく先行部分の音調を引き継ぐだけである。どちらの例でもmarryとCarlosの間には音韻句の境界はあるが、音調句の境界はない。この問題を解決するためには、英語においては音韻句と音調句の間に別の音律構成素を認めるべきであると主張する研究者もいるが、その考えには異議を唱えるものもあり、議論の分かれる

ところである。

5.3.2 文アクセント

　文のレベルでどの語を目立たせて発話するか、すなわちどこに文アクセントを置くかということはどのように決まるのだろうか。どの語に文アクセントを置くかはすべて話者の自由であるという考え方もあるが、全く無秩序に文アクセントが置かれるならば、コミュニケーションが成り立たない。やはり、少なくとも話し手と聞き手が共有する何らかの法則に基づいて文アクセントの付与がなされていると考えるべきであろう。ここでは、文アクセントの付与がどのように分析されてきたかを概観する。なお、文アクセントの具現として最も重要な要素は、ピッチアクセントである。すなわち、文アクセントが置かれる語（音節）においてピッチの変動（上昇や下降）があるということにより卓立があると知覚されるのである。

①統語論的アプローチ

　SPEから始まり1970年代に盛んに議論された文強勢付与は、「**通常の強勢（normal stress）**」を予測することを前提としていた。通常の強勢とは文脈などを考慮せず、単独で文を読んだ場合の音調の核の位置であり、一般に最後の内容語（すなわち名詞、形容詞、動詞、副詞）に核が来ると考えられている。核とは**音調曲線（(intonation) contour）**において話者が最も大きな卓立を与える音節のことで、発話の中で最も重要であると考えられる部分である。なお、このように発話全体が新情報である場合を「**広い焦点（broad focus）**」という。

　このアプローチでは、統語構造が決まれば、それを入力として規則により自動的に文強勢が決定されると考えられた。その規則とは、韻律音韻論でも利用されたNSRである（5.2参照）。簡単に言えば、NSRは句や文という範疇では右側の要素に強勢を置くという規則である。なお、語の範疇では左側の要素に強勢を置くとするCSRは複合語の強勢を説明するために提案された規則である。NSRは**循環的**

(**cyclic**) 規則であり、繰り返し適用される。そして最大の強勢である [1 stress] が右端の強勢のある音節に与えられると、他の強勢のある音節はその数を1つずつ減らされて [2 stress] とか [3 stress] となる。

(31) [Bill [bought [sweet [apple pies]]]]
1	1	1	1	1	語強勢
			1	2	CSR
		2	1	3	NSR
	2	3	1	4	NSR
2	3	4	1	5	NSR

しかし、このアプローチでは、「通常の強勢」を前提とするため、対比のために通常とは異なる位置にアクセントを置く「**対照強勢 (contrastive stress)**」の説明が難しい。さらに、NSRの例外となる場合がある。その1つが文末の副詞類で、最後の語彙項目であっても通例アクセントを受けないと言われる。すなわち、*She'll make it PRObably.ではprobablyを核にすることはできない。また、次の例では、(32a) の方が普通であり、(32b) は対照的な意味を含む。

(32) a. I saw ALAN yesterday.
　　 b. I saw Alan YESterday

②意味的アプローチ

　一方、アメリカの言語学者Dwight Bolingerが主張する、「文アクセントの位置は統語構造から自動的に決まるのではなく、話者の判断により決まる」という考え方がある。すなわち、話者は最も重要である、**すなわち情報の焦点 (focus)** であると考える部分に文アクセントを置くという考え方である。(33) の例で異なった解釈が生まれるのは、(33a) では「出発する (leave)」という行動、(33b) では目的語である「指示 (instructions)」という異なった要素が情報の焦点となるためであると説明される。

(33) a. I have instructions to LEAVE.「出発するように指示を受けている」
b. I have inSTRUCtions to leave.「指示を残しておく」

③項構造によるアプローチ

文アクセント付与規則は広い焦点の場合だけでなく、(34b, c) のような発話の一部だけに焦点がある「**狭い焦点（narrow focus）**」の場合も同様に予測できなければならない。((34) における下線は焦点であることを示す。)

(34) a. A: What happened?
B: BOB bought a CAR.
b. A: What did Bob do?
B: Bob bought a CAR.
c. A: Who bought a car?
B: BOB bought a car.

(34a) では、Bob と car という2つの語に文アクセントが付与されていることが示されている。(この場合、核は最後のアクセントである car となる。) このように「主語＋動詞＋目的語」という並びでは、動詞のアクセントが低くなることが知られている。同様に、(35) の例の B の発話では動詞はアクセントを受けないと言われる。

(35) A: What happened?
B: Our DOG's disappeared.

このような例から、文アクセント付与について**項構造（argument structure）**を取り入れて説明しようとする提案が行われている (Gussenhoven (1983))。すなわち、「出来事を表す文の場合、**述部（predicate）**（＝動詞）は**項（argument）**（＝主語や直接目的語）よりアクセントが低くなる」というように捉えようとするものである。付

け加えておくと、(35) の B の発話で動詞の前に副詞が入れば、動詞もアクセントを受ける。

 (35)′B: Our DOG's mysTERiously disapPEARED.

　文強勢規則とか文アクセント規則と呼ばれる規則は、以前は「広い焦点」の場合のみを対象としていた。しかし、文アクセント規則は「広い焦点」の場合でも「狭い焦点」の場合でもあらゆる文脈に対応して説明できなければならない。勿論、こういった規則を確立することは簡単な作業ではなく、また音韻論だけで解決できるものではないと言える。

 5.3.3 自律分節音韻論による調子の記述
　調子の記述については Goldsmith (1976) に始まる自律分節音韻論の表記が取り入れられている。その特徴は、鼻音性や声調などを自律分節素と考え、それぞれの自律分節素が表示される複数の**層**（tier）を認めるという点である。例えば、分節音が属する**分節層**（segmental tier）以外に**音調層**（tonal tier）や**鼻音層**（nasal tier）などが設定される。(なお、その後の改良により、層に代わって**平面**（plane）という概念が導入されている。分節音が属する**分節平面**（segmental plane）、**音調平面**（tonal plane）や**強勢平面**（stress plane）などがあると考えられ、各平面は**スケルトン**（skeleton）でつながっている。各平面は（いくつかの）層からなると考えられ、例えば鼻音層は分節平面を構成する層の1つである。)
　英語の音調の記述に自律分節音韻論の概念を導入し、現在までの音調音韻論の流れができたことは Pierrehumbert (1980) によるところが大きい。音調の記述において最も重要な層は音調層であり、H (= high tone) と L (= low tone) で示される。そしてこの H と L という調子は**連結線**（association line）によって分節音（通例、母音 (= V)）と結びつけられる。下降調と上昇調は (36) のように表すことができ

る。なお、HとLは音韻論的抽象物であり、具体的な数値と結びついて高低が決定するというものではない。

(36) a. 下降調　　　b. 上昇調

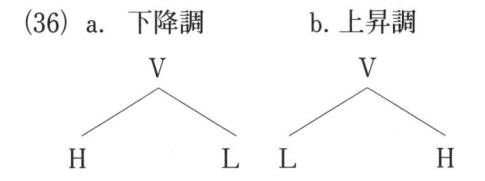

```
      V              V
     / \            / \
    H   L          L   H
```

Pierrehumbert（1980）では、音調曲線は調子（またはピッチ）の連鎖により構成されると考えられ、音調曲線は（37）に示す**有限状態文法**（finite state grammar）によって作り出されるとされる。（なお、ピッチアクセントのH*＋H⁻は現在は認められていない。）

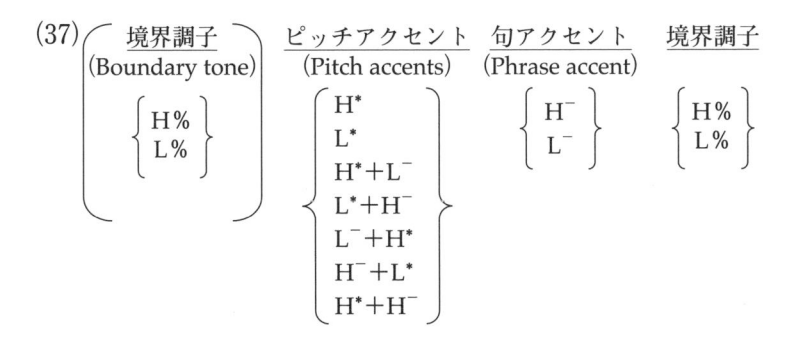

(37) 　境界調子　　　ピッチアクセント　　句アクセント　　境界調子
　　　(Boundary tone)　(Pitch accents)　(Phrase accent)

$$\left[\begin{Bmatrix} H\% \\ L\% \end{Bmatrix}\right] \begin{Bmatrix} H^* \\ L^* \\ H^*+L^- \\ L^*+H^- \\ L^-+H^* \\ H^-+L^* \\ H^*+H^- \end{Bmatrix} \begin{Bmatrix} H^- \\ L^- \end{Bmatrix} \begin{Bmatrix} H\% \\ L\% \end{Bmatrix}$$

HとLの調子はすべての音節と結びつくわけではなく、特定の箇所と結びつく。**ピッチアクセント**（pitch accent）の＊印は強勢のある音節と結びつくことを示す。**句アクセント**（phrase accent）（あるいは**句調子**（phrase tone））は句の終わりを示し、**境界調子**（boundary tone）は音調句の終わりを示す。この表記を用いれば、文末の下降調はH*L⁻L％、上昇調はL*H⁻H％と記述される。

(38)

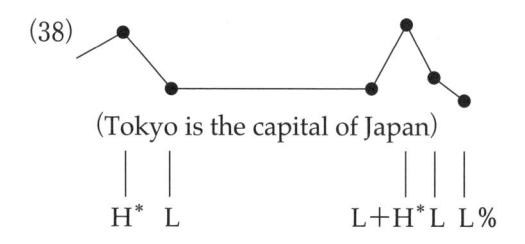

(Tokyo is the capital of Japan)

H* L　　　　L+H* L L%

5.4 最適性理論

最後に近年、音韻論の中心となっている最適性理論について見ておこう。ここまでに見てきた音韻論の枠組みではすべて規則と派生が基本であった。これに対して、Prince & Smolensky（1993）などが提案する最適性理論では派生という概念を捨て、**制約**（constraint）によって説明する。

(39) a. 規則・派生に基づく音韻論
　　　　基底表示→ 規則 （派生）→表層形
　　b. 最適性理論
　　　　入力　　→ Gen →（複数の）出力候補→ Eval →出力
　　　　（基底表示）　　　　　　　　　　　　　　　（最適な候補）

ある入力に対し Gen（生成）は**適格性**（well-formedness）の制約に基づき無数の可能な出力候補を作り出す機能である。Eval（評価）はある言語に特定の制約（Con）の階層によって最適な候補を選び出す機能である。段階的に行われる派生とは異なり、出力候補の評価は同時進行で並行的に行われる。また、制約は①普遍的である、すなわちすべての言語は同じ制約を持つ、②違反可能である、③個別言語ごとに優先順位が決定される（これを**序列化**（ranking）と呼ぶ）、④制約同士が相反するものであってもよい、などの性質を持つ。

制約にはいくつかのタイプがある。入力と出力が一致することを要求する**忠実性**（faithfulness）に関わるもの（MAX～は削除の禁止、

DEP〜は挿入の禁止)、出力が**無標の**（unmarked）具現形を要求する**有標性**（markedness）に関わるもの、(好ましい) 構造に関わるもの、構成素の端の**整列**（alignment）に関わるものがある。

最適性理論ではどのような説明がなされるかを、英語の名詞の複数形を実例にとってみてみることにする。名詞の複数形は、busならばbuses [bʌsɪz] となり、catならばcats [kæts] となる。これを説明するためには次のような制約が仮定される。

① *SIBSIB：語の内部で**歯擦音**（sibilant）が連続することを禁止する
② *αVOICE —αVOICE：音節内で連続する阻害音は声が一致しなければならない
③ MAX-IO：分節音の削除を禁止する
④ DEP-IO：分節音の挿入を禁止する
⑤ IDENT (F)：入力の分節音は対応する出力の分節音と一致しなければならない

(40) a. "bus" / bʌsz /—[bʌsɪz]

/ bʌsz /	*SIBSIB	DEP-IO	*αVOICE—αVOICE
a. [bʌsz]	*!		*
☞ b. [bʌsɪz]		*	
c. [bʌzz]	*!		
d. [bʌss]	*!		

b. "cat" / kætz /—[kæts]

/ kætz /	*SIBSIB	DEP-IO	*αVOICE—αVOICE	*IDENT (F)
a. [kætɪz]	*!			
b. [kætz]			*!	
☞ c. [kæts]				*

最適性理論では出力候補の評価において (40) のような**表**（tableau）が用いられる。表では、候補が縦に、序列化された制約が横に並べられ、☞は最適な候補、*はその制約に違反していること、!はその違反が致命的であることを示す。また、網掛けは (候補が排除されたか最

適として選ばれて）その制約が重要でなくなったことを示す。
(40a)では最も優先順位の高い制約である＊SIBSIBに違反していない［bʌsɪz］が最適として選ばれ、(40b)では優先順位の低いIDENT（F）には違反しているがそれより上の制約には違反していない［kæts］が選ばれる。

　言語間の差異、方言、史的変化、幼児の言語発達などはすべて制約の序列化の違いととらえることができる。最適性理論は音韻論にとどまらず、言語学の他の分野にも影響を及ぼし始めている。制約に基づく理論が今後さらに大きな成果を収めるものと期待される。

参考文献(＊は推薦図書を示す)

Abercrombie, D. (1964) "Syllable quantity and enclitics in English." in Abercrombie, D., D. B. Fry, P. A. D. MacCarthy, N. C. Scott & J. L. M. Trim (eds.) *In Honour of Daniel Jones: Papers Contributed on the Occasion of His Eightieth Birthday 12 September 1961*. London: Longmans.

Abercrombie, D. (1967) *Elements of General Phonetics*. Edinburgh: Edinburgh University Press.

Bolinger, D. (1965) *Forms of English: accent, morpheme, order*. Cambridge, Mass: Harvard University Press.

Catford, J. C. (2001^2) *A Practical Introduction to Phonetics*. Oxford: Oxford University Press.

Chomsky, N. & M. Halle (1968) *The Sound Pattern of English*. New York: Harper & Row.

Cruttenden, A. (1997^2) *Intonation*. Cambridge: Cambridge University Press.

Crystal, D. (1969) *Prosodic Systems and Intonation in English*. Cambridge: Cambridge University Press.

Crystal, D. (1975) *The English Tone of Voice: Essays in Intonation, Prosody and Paralanguage*. New York: St. Martin's Press.

Fischer-Jørgensen, E. (1975) Trends in Phonological Theory: A Historical Introduction. Copenhagen: Akademisk Forlag. ［林栄一（監訳）『音韻論総覧』東京、大修館書店.］

Goldsmith, J. (1976/9). Ph.D. dissertation, MIT. Reproduced by the Indiana University Linguistic Club.

Gussenhoven, C. & H. Jacobs (1998) *Understanding Phonology*. London: Arnold.

Halle, M. & J.-R. Vergnaud (1987) *An Essay on Stress*. Cambridge, Mass: MIT Press.

Halliday, M. A. K. (1967) *Intonation and Grammar in British English*. The

Hague: Mouton.

原口庄輔（1994）『音韻論』（現代の英語学シリーズ3）開拓社、東京.

＊今井邦彦（1989）『新しい発想による英語発音指導』大修館書店、東京.

International Phonetic Association (ed.) (1999) *Handbook of the International Phonetic Association: A Guide to the Use of the International Phonetic Alphabet*. Cambridge: Cambridge University Press.［竹林滋・神山孝夫（訳）『国際音声記号ガイドブック：国際音声学会案内』東京、大修館書店.］

筧寿雄・今井邦彦（1971）『音韻論II』（英語学大系2）大修館書店、東京.

＊小泉保（2003）『改訂　音声学入門』大学書林、東京.

小泉保・牧野勤（1971）『音韻論I』（英語学大系1）大修館書店、東京.

＊窪薗晴夫（1998）『音声学・音韻論』くろしお出版、東京.

＊窪薗晴夫・溝越彰（1991）『英語の発音と英詩の韻律』英潮社、東京.

窪薗晴夫・太田聡（1998）『音韻構造とアクセント』研究社出版、東京.

枡矢好弘（1976）『英語音声学』こびあん書房、東京.

＊松坂ヒロシ（1986）『英語音声学入門』研究社出版、東京.

Ladd, D. R. (1996) *Intonational Phonology*. Cambridge: Cambridge University Press.

Ladefoged, P. (2001[4]) *A Course in Phonetics*. Boston: Heinle & Heinle.

Laver, J. (1994) *Principles of Phoentics*. Cambridge: Cambridge University Press.

Liberman, M. & A. Prince (1977) "On stress and linguistic rhythm," *Linguistic Inquiry* 8, 249-336.

Nespor, M. & I. Vogel (1986) *Prosodic Phonology*. Dordrecht: Foris.

O'Connor, J. D. & G. F. Arnold (1973[2]) *Intonation of Colloquial English*. London: Longman.［片山嘉雄他（訳）『イギリス英語のイントネーショ

ン』南雲堂、東京、1994.]

Pierrehumbert, J. B. (1980/7) *The Phonology and Phonetics of English Intonation*. Ph.D. dissertation, MIT. Reproduced by the Indiana University Linguistic Club.

Pike, K. L. (1945) *The Intonation of American English*. Ann Arbor: University of Michigan Press.

Prince, A. (1983) "Relating to the grid," *Linguistic Inquiry* 14, 19-100.

Prince, A. & P. Smolensky (1993) *Optimality Theory*: Constraint *Interaction in Generative Grammar*. Ms. Rutgers University.

Sagey, E. (1986/90) *The Representation of Features and Relations in Non-linear Phonology*. Ph.D. dissertation, MIT. Reproduced by Garland Press.

竹林滋 (1996) 『英語音声学』研究社、東京.

Tench, P. (1996) *The Intonation Systems of English*. London; Cassell.

＊渡辺和幸 (1994) 『英語イントネーション論』研究社出版、東京.

Wells, J. C. (1982) *Accents of English*, 3 vols. Cambridge: Cambridge University Press.

＊安井泉 (1992) 『音声学』開拓社、東京.

第3章　形態論

1. 語の分析

1.1 語とは

　言語を成立させている基本的な単位は一般的には語（word）とされている。しかし実際の語というものは単一構造から成り立っている、**単純語**（simplex word）から、複雑な構造を持つ、**合成語**（complex word）又は**複合語**（compound word）まで様々である。
　そこで、本章ではこれらの広範囲にわたる語の存在に関して、様々な観点から検討をおこなう。

1.2 形態論とは

　語とは文を構成する最小の単位であると考えられる。しかし、語の内部構造を見るとさらに小さな単位に分割できることがわかる。次の（1）を見られたい。

　　　（1）boy / boys / boyish / boyfriend

（1）に挙げる4つの語はいずれも"boy"という要素を共有している1つの単語である。この関係を図示すると次のようになる。

　　　（2）（基本語）　　（関連語）

```
              ┌─ boys
        boy ──┼─ boyish
              └─ boyfriend
```

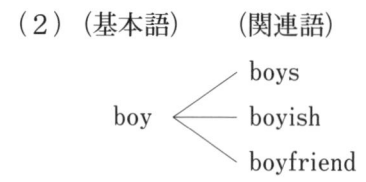

boys, boyish, boyfriend という3つの単語は"boy"という基本語に他の要素が付け加えられているものである。したがって、boys、boyish、 boyfriendは"boy"という基本語から成立している関連語であると考えられる。

このように、語を構成する要素の種類やそれらの要素の結合法や語の内部構造を明らかにする領域が**形態論**（morphology）、特に**語形成**（word-formation）の研究である。

1.3 派生接辞と屈折接辞

語の内部の要素の結合法などを研究する領域が形態論であると、前節で述べたが、語を形成する、意味または文法的機能を持つ最小の単位を**形態素**（morpheme）と呼ぶ。（3）では、1つの語が3つの形態素からできていることを示している。中心となる形態素kindの前後にある要素（un- と -ness）は**接辞**（affix）と呼ばれ、前者は**接頭辞**（prefix）、後者は**接尾辞**（suffix）と言われている。

(3) unkindness → un＋kind＋ness

これらの語を構成する構成素は、その働きや特徴によって、いくつかの種類に分けることができる。kind のように語を単独の形態素で成り立たせている場合、この形態素を**自由形態素**（free morpheme）と呼び、un- や-ness のように必ず他の要素（語など）に付随しなければならない形態素を**拘束形態素**（bound morpheme）と呼ぶ。自由形態素 は主にはっきりと定まった概念を表す内容語（content word）である**語彙的形態素**（lexical morpheme）と主に文法上の概念を表す機能語（function word）からなる**機能的形態素**（functional morpheme）の2つに分けられる。また、拘束形態素（接辞）は**派生接辞**（derivational affix）と**屈折接辞**（inflectional affix）に分けることができる。前者は、主に、新しい語を作りだす接辞で、"-ness"、"-ity"、"-ly"などが挙げられる。後者については、三単現の -s、比較級・最上級の -er / -est、過去形の -ed などが挙げられる。

（4）　　　　／語彙的形態素（名詞・形容詞・動詞・副詞など）
　　a．自由形態素（語）
　　　　　　　＼機能的形態素（前置詞・代名詞・冠詞・接続詞など）

　　　　　　　／派生接辞（"un-", "in-", "-ness", "-ity", "-ly" など）
　　b．拘束形態素（接辞）
　　　　　　　＼屈折接辞（三単現の -s、比較級・最上級の -er / -est、過去形の -ed など）

これらの形態素または語は人間の頭のなかにある「辞書」に登録されていると考えられており、この「辞書」のことを言語学では**レキシコン（lexicon）**と呼んでいる。

　自由形態素（語根：語根とは語からすべての派生接辞と屈折接辞を取り除いたあとに残る要素）は接頭辞や接尾辞が付加されることによって**派生（derivation）**が行われることになる。

　　（5）　un-　dress　-ed (undressed)　　care　-less　-ness (carelessness)
　　　　　接頭辞 語根 接尾辞　　　　　　　語根 接尾辞 接尾辞

また**語幹（stem）**は、語から屈折接辞を除いた残りの部分であり（booksではbookの部分）、**基体（base）**とは、いかなる接辞でも付加可能の部分であり、語根も語幹も基体になることができる。次節では、これらの要素に関わってどのような操作が形態論（語形成部門）でおこなわれているのかを概観する。

1.4　派生

　派生とは語形成過程の1つで、語基に接辞を付加することによって派生語を造り出す過程のことである。

1.4.1 接頭辞

接頭辞とは、その右側にある要素をとるように下位範疇化をされている派生接辞であり、その特徴として、語に付加された時に、わずかな例外を除いては、派生される語はもとの語と同じ範疇である。

(6) a. un-（形容詞→形容詞）unhappy
 b. inter-（名詞→名詞）interlanguage
 c. over-（動詞→動詞）overdrink

1.4.2 接尾辞

接尾辞は、左側にある要素をとるように下位範疇化をされている派生接辞である。接頭辞は付加される語を選ばないのに対して、一般的に接尾辞は特定の範疇に属する語に付加されることになる。

(7) a. -ful（名詞→形容詞）beautiful
 b. -ness（形容詞→名詞）kindness
 c. -ly（形容詞→副詞）loudly

1.4.3 クラスI接辞とクラスII接辞

Siegel（1974）やAllen（1978）によれば、接辞は**クラスI接辞**（class I affix）と**クラスII接辞**（class II affix）の2種類に分類することができる。そしてクラスI接辞はかならずクラスII接辞より先に語基などに付加され、これを接辞付加の順序付け（ordering）と言う。これらの2種類の接辞は以下に挙げる異なる特徴を持っている。

(8) a. クラスI接辞は強勢位置決定に関わり、第1強勢の移動を引き起こす場合がある。一方、クラスII接辞は強勢位置決定に関わらず、強勢の移動を引き起こさない。
 májor→majór-ity (class I) / wóman→wóman-ish (class II)
 b. クラスI接辞は基体または接辞において子音や母音の変化を引き起こすことがある。しかし、クラスII接辞

はそのような変化を引き起こさない。

in-balance→im-balance（class I）/ un-balance→un-balance（class II）

c. クラスI接辞は、一部の例外を除き、クラスII接辞を含んだ語に付加されることはない（＊は不適格であることを示す）。

＊in -［book-ish］/ un -［book -ish］（読書ぎらいな）
  I   II   II   II

d. クラスII接辞は複合語に付加することが可能であるが、一部の例外を除き、クラスI接辞が複合語に付加されることはない。

mis -［under-line］/＊dis -［up-grade］
 II   I

これまで見てきたクラスI接辞とクラスII接辞の付加の順序付けは、屈折や複合語形成の段階を含めると次のような階層構造が想定される。

（9）（基底形、入力、語根）
　　層1：クラスI接辞付加、不規則屈折接辞付加
　　層2：クラスII接辞付加、複合語形成
　　層3：規則屈折接辞付加
　　　（表層形、出力、語）

この形態論における階層構造の妥当性は幼児の複合語形成の例によって示すことができる。例えば、幼児は複合語としてmouseからmice-eaterという複合語を派生するが、決して＊rats-eaterは派生しない。すなわち、複数形が不規則屈折するmouseは層1でmiceになり、層2でeaterと複合語mice-eaterを形成する一方、複数形が規則屈折接辞であるratは層2でのeaterとの複合語形成の後に層3で屈折接辞付加をうけるので、複数の"-s"が複合語の内側に付加されることは不可能であり、＊rats-eaterとはならないと説明できる。この幼児の複合語形

成の過程は語形成が階層化された構造によって行われていることを証明する1つの例である。

また、この(9)の階層に従えば、複合語の内部に生起する規則屈折接辞（複数形を示す接尾辞）が生じないという事実を正しく予測することができる。

  (10) a. *［hands towel］
     b. *［flies paper］

しかしながら、実際には(11)に見られるように、複合語内部（複合語の第1要素の語尾）に複数形を表す規則屈折接辞が付加されている例が存在しているのも事実である。

  (11) ［arm-s merchant］ ［good-s train］ ［cloth-s brush］
     ［park-s commissioner］ ［custom-s officer］ ［saving-s bank］

これらの問題を解決するには、複合語形成の前にすでに屈折接辞が付加されていると考える（［arm-s］が複合語の入力になるように）語彙化（lexicalization）などと呼ばれる解決法が提案されているが、すべての例がこの方法で解決することは不可能である。また、最近の複合語形成においては、このような内部に複数形を持ったものが増えているという報告もある。

1.5 屈折

形態論（語形成）部門において、派生接辞とともに語形成に関わるものが、**屈折接辞**（inflectional suffix）である。屈折接辞とは、文法的関係として複数形・三人称単数現在形の-s・所有格の-'s、比較級・最上級の-er、-est、過去形・過去分詞形の-ed、-enなど、文法的特徴を表す接尾辞のことをいう。屈折接辞は前に見た派生接辞のように付加した語の品詞を変えるような品詞決定能力は持っていない。

(12) a. want → want＋ed （動詞→動詞：動詞の屈折）
　　 b. book → book＋s （名詞→名詞：名詞の屈折）
　　 c. happy → happi＋er （形容詞→形容詞：形容詞の屈折）

また、屈折接辞は1つの語の内部に他の接辞（派生接辞）と同時に生起した時には、派生接尾辞のあとに屈折接尾辞が位置することになり、この制約は世界の各言語の語形成に原則的に適用されるものである。

(13) 　語-派生-屈折
　　　＊語-屈折-派生
(14) a. teachers → teach - er - s （語 - 派生 - 屈折）
　　 b. teacheser → teach - e (s) -er （＊語 - 屈折 - 派生）

しかしながら、フランス語、イタリア語、オランダ語、ドイツ語やイディシュ語のなどでは例外が見られ、屈折接尾辞が派生接尾辞の内側に現われる場合が存在する。

(15) a. イタリア語
　　　　cert (o) - a -ment → cert-a-ment （＝certainly）
　　　　　　　 屈折 派生　　　 屈折 派生
　　　　　　　（女性形）　　　（副詞を作る）
　　 b. オランダ語
　　　　scholier → scholier-en → scholier-en-dom （＝the set of pupils）
　　　　単数　　　　　屈折　　　　　屈折 派生
　　　　　　　　　　（複数）　　　（複数）（集合名詞を作る）

さらに、屈折接辞は、派生接辞と**繰り返し的性質**（recursiveness）において異なった性質を示す。すなわち、派生接尾辞はその接辞の繰り返しを認めるが、屈折接尾辞においては繰り返しは認められない。

(16) a. English: industri-a*l*-ization-a*l*
　　 b. German: Ein-*heit* -lichk-*eit* （unitariness）

c. Italian: stor- ic - ist - *ico*　（historicistic)
　　　d. English: *book - s - s / *happi - er -ist / *drink - ing - ing

一般的には、上記に認められるような性質の違いが派生接尾辞と屈折接尾辞の間に見られるが、サセックス地方やヨークシャ地方における英語の方言では屈折接尾辞が繰り返し付加されるという例外が存在する。

　(17) a. / koet-s-ez / "coats", / so: t-s-ez / "sorts"
　　　b. better-er, mor-er, wors-er
　　　c. best-est, most-est, worst-est

1.6　語（派生語）の内部構造

　派生語の内部構造がどのように構成されているのかを検討することにする。まず、次の（18a）の派生語の内部構造を考えて見よう。

　(18) a. unfaithful → b. un-faith-ful
　この語は（18)b.に見られるように、それぞれ3つの形態素から成り立っている。この語は（19）のような3つ股の構造で3つの形態素が平等に横一列に結びついていると考えられるのだろうか。

　(19) a.　　　　A
　　　　　　　╱│╲
　　　　　　un faith ful

しかし、この語が（19）のような構造を持っているとは考えられない。なぜなら、それぞれ2つの派生接辞が以下に挙げるような制約を持っているからである。

　(20) a. un-：形容詞に付加される（un＋形容詞)
　　　 b. -ful：名詞に付加される（名詞＋ful)

(20) から、派生接尾辞-fulは名詞であるfaithに付加が可能であるが (faith＋ful)、派生接頭辞un-は名詞のfaithに付加されないことになる (*un＋faith)。したがって、(19) における構造は不適格であると言わざるをえない。そこで、次のように考えると (18) における語の内部構造を的確に説明することが可能である。すなわち、派生接尾辞-fulと名詞faithは一緒になり、形容詞 (faithful) を形成し、その形容詞に派生接頭辞un-が付加されると考えれば、問題は何も生じない。

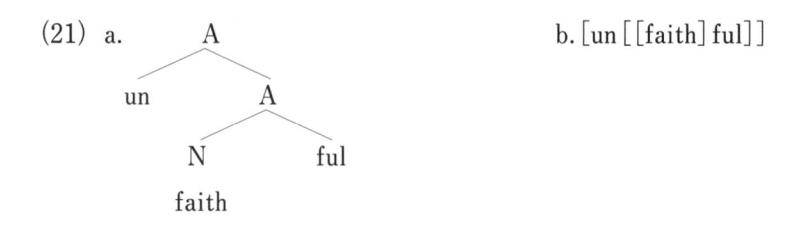

(21) a.
```
        A
       / \
      un  A
         / \
        N   ful
        |
       faith
```
b. [un [[faith] ful]]

このようにして、unfaithfulという語は (19) に見られるような単なる線状の構造をなしているのではなく、(21) に見られるような階層構造をなしていると結論づけることができる。

1.7 順序付けのパラドックス

先に、英語の派生語はクラスⅠ接辞、クラスⅡ接辞という順序で接辞が付加されるという順序付けの仮説にしたがって派生されるが、実際には英語の派生語にはこの順序付けの仮説にしたがわない例外となる語が多く存在している。このように順序付けの仮説に従わないものは、**順序付けのパラドックス（Ordering Paradox）** と呼ばれ、下記のような例がある。

(22) a. develop - ment $_{Ⅱ}$ - al $_{Ⅰ}$　　govern - ment $_{Ⅱ}$ - al $_{Ⅰ}$
　　　b. in $_{Ⅰ}$ - [conceive - able $_{Ⅱ}$]　　[un $_{Ⅱ}$ - grammatical] - ity $_{Ⅰ}$
　　　c. non $_{Ⅱ}$ [color - blind]　　non $_{Ⅱ}$ - [shock - resistant]
　　　d. [arms - merchant]　　[goods - train]

ここでは、パラドックスの例を ungrammaticality という語の派生で見ることにする。順序付けの仮説では、-ity はクラスⅠの接辞で un- はクラスⅡの接辞なので、まず -ity から接辞付加が行われ（23a）のような派生が得られる。しかしながら、この語構造だと un- は形容詞に付加されるという下位範疇化の条件が守られていない。一方、下位範疇化を満たす語構造の（23b）は順序付けの仮説に従わないことになる。このような現象が順序付けのパラドックスの１つである。

(23) a. [un[[grammatical]$_A$ ity]$_N$]$_N$
 b. [[un[grammatical]$_A$]$_A$ ity]$_N$

以下に、その他の順序付けのパラドックスのタイプ別の例を示す。

(24) a. クラスⅡ接尾辞の外側にクラスⅠ接尾辞が付加されている例

develop-ment-al, govern-ment-al, extend-abil-ity, perceiv-abil-ity
　　Ⅱ　Ⅰ　　　Ⅱ　Ⅰ　　　Ⅱ　Ⅰ　　　Ⅱ　Ⅰ

b. クラスⅡ接尾辞付加の後にクラスⅠ接頭辞が付加されている例

in-conceiv-able, in-describ-able
Ⅰ　　　Ⅱ　Ⅰ　　　Ⅱ

c. クラスⅡ接頭辞付加の後にクラスⅠ接尾辞が付加されている例

extra-metrical-ity, under-estima-tion, un-grammatical-ity
　Ⅱ　　　Ⅰ　　Ⅱ　　　Ⅰ　　Ⅱ　　　　Ⅰ

d. 複合語形成の後にクラスⅠ接尾辞が付加されている例

atomic scient-ist, South America-n, transformational grammar-ian
　　　　Ⅰ　　　　　　Ⅰ　　　　　　　　　　Ⅰ

さらに、unhappier という語では、音韻的には、-er は３音節語には付加されないという音韻的制約があるため、(25a) のような構造を持っていると分析されるが、意味的には unhappier は "not more happy"

ではなく "more not happy" であるので (25b) の構造を持っている
と考えられる。

(25) a.　[un [[happy]_A er]_A]_A
　　　b.　[[un [happy]_A]_A er]_A

これは、順序付けの仮説に対しての例外ではないが、2つの条件を
同時に満たすことができないという点から、順序付けのパラドックス
の一例として扱える例と見なされる。以上のような、順序付けのパラ
ドックスを解消するために、多くの研究者によってさまざまな提案が
行われてきたが、いずれの考え方もすべてのタイプのパラドックスに
ついて一貫した説明を与えることはできていない。

2. 語の右側主要部の規則

　形態論では、語全体の品詞を決定したりする構成要素のことを主要
部 (Head) と考える。(26) において、形態的に複雑な語、すなわち
派生語や複合語の主要部は、それぞれの語の右側に位置する要素 (-er
と -ful) であり、これらは語の全体の品詞を決定するものである。
Williams (1981) は、これを**右側主要部の規則** (Right-hand Head Rule)
として提案している。

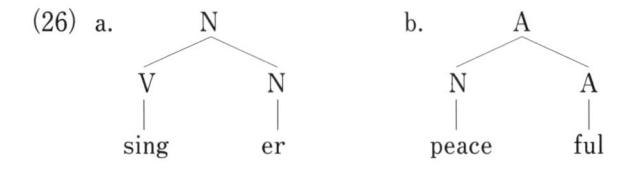

(26) a.　　　　N　　　　　　b.　　　　A
　　　　　／＼　　　　　　　　　　／＼
　　　　　V　　N　　　　　　　　N　　A
　　　　　｜　　｜　　　　　　　　｜　　｜
　　　　　sing　er　　　　　　　peace　ful

(27) **右側主要部の規則** (Right-hand Head Rule: RHR)
　　　形態論において、形態的に複雑な語の主要部は、その語
　　　の右側の要素である。　　　　　　　　　(Williams 1981)

この規則によれば、派生語の内部構造は次のように表示することができる。

(28) a. X + ize = V：hospitalize
b. X + (i) fy = V：simplify
c. X + like = A：childlike

-ize と -(i) fy は動詞を、-like は形容詞をつくる接尾辞である。
　また、この右側主要部の規則は以下のように複合語においても適用される。

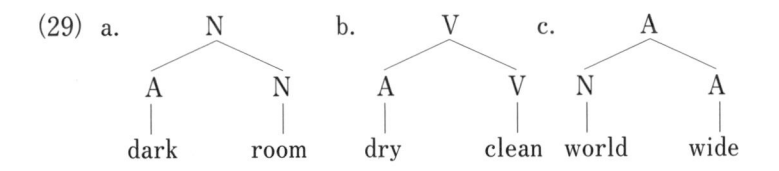

(29) a.　　　N　　　　b.　　　V　　　c.　　　A
　　　　　A　　N　　　　A　　V　　　N　　A
　　　　　|　　|　　　　|　　|　　　|　　|
　　　　 dark　room　　dry　clean　world　wide

(29) にみられるように複合語の右側の要素がその複合語の全体の品詞を決定していることがわかる。また、この右側主要部の規則は英語以外のその他の言語にも適用可能であることが明らかにされている。

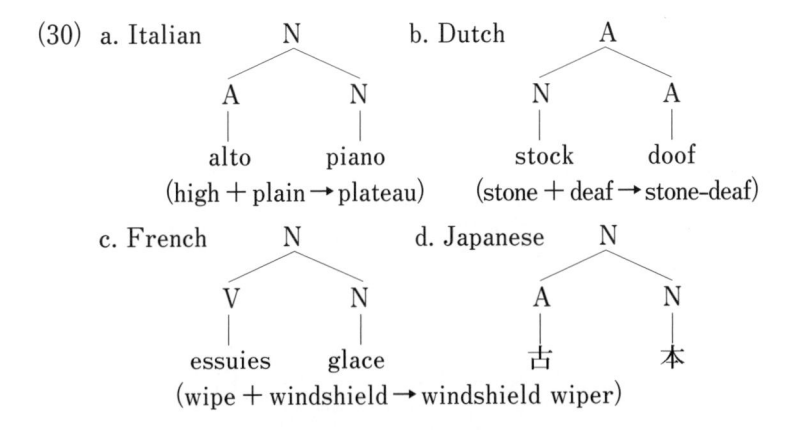

(30) a. Italian　　N　　　　b. Dutch　　A
　　　　　　　A　　N　　　　　　　N　　A
　　　　　　　|　　|　　　　　　　|　　|
　　　　　　alto　piano　　　　stock　doof
　　　　(high + plain → plateau)　(stone + deaf → stone-deaf)

　　c. French　　N　　　　d. Japanese　　N
　　　　　　V　　N　　　　　　　　A　　N
　　　　　　|　　|　　　　　　　　|　　|
　　　　essuies　glace　　　　　　古　　本
　　(wipe + windshield → windshield wiper)

このように、派生語や複合語では、右側主要部の規則に従って右側にある要素（接尾辞や複合語の第2要素）が主要部となって重要な役割

をはたしている。この右側主要部の規則は、語の等位構造という観点から見れば、その妥当性はさらに高いものになる。(31a) に見られるように、ある種の接頭辞は、and で結ばれた等位構造の形で語（基体）との接続が可能になる。しかしながら、(31b) のように接尾辞においては等位構造の形での語（基体）との連続は不可能なものであるとされている。

(31) a. pro- and anti-Castro forces, Anglo- and Franco-American relations

factory- and office-workers, sons- and daughters-in-law, など

b. *faithful and /or -less, *careful and / or -less, *powerful and /or -less など

接尾辞が等位構造を許さないのは、接尾辞は語の主要部を形成しており、それに対して接頭辞は一般的に主要部とはならないからである。すなわち、接尾辞で等位構造を持つことは2つの主要部を持つことになり、単語全体の語彙範疇決定の際に少なくとも、1つの接尾辞の語彙範疇決定能力が生かされないことになってしまう。語彙全体の範疇を決定する主要部は、1つの語につき1つしか存在しないからである。

しかし、これらの例に反して、ドイツ語やスペイン語においては、この右側主要部の規則に従わないものが存在する。

(32)　a. German

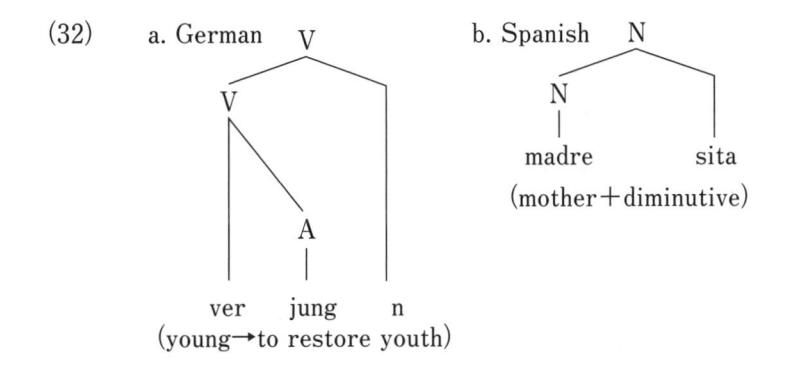

```
        V
       / \
      V   \
     /     A
    ver   jung   n
(young → to restore youth)
```

b. Spanish

```
        N
       / \
      N   \
    madre  sita
(mother + diminutive)
```

(32a) の例において、ドイツ語は左側の接頭辞 (ver-) が派生語の全体の語彙範疇を決定している。(32b) のスペイン語でも、右側にある**指小辞** (diminutive suffix) の -sita は派生語の全体の語彙範疇に関与することはなく、左側の要素 (名詞) が語彙範疇を決定している。また、イタリア語やフランス語などのロマンス語系の言語でもこのような例が見られる。さらに東アジアの言語であるベトナム語やインドネシア語では、複合語の左側の要素が全体の語彙範疇を決定するので、左側に主要部を取る言語であると指摘されている。

2.1 接頭辞付加について

前節では、派生語や複合語などの語彙範疇を決定する右側主要部の規則の実例とその例外となる語にどのようなものがあるのかをを見たが、ここでは語 (基体) の左側に付加される接頭辞の働きを見ることにする。英語の接頭辞 (en-, dis-, be- など) は右側主要部の規則の反例として挙げることができる。

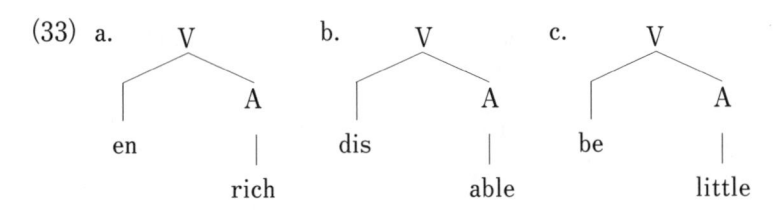

(33)　a.
```
    V
   / \
  en  A
      |
     rich
```
b.
```
    V
   / \
  dis  A
       |
      able
```
c.
```
    V
   / \
  be   A
       |
     little
```

(33)では、en-, dis-, be-、が形容詞に付加されることによって派生語の語彙範疇は動詞に変化している。Williams (1981) では、ほとんどの接頭辞は語彙範疇決定能力がなく、右側主要部の規則にしたがい接頭辞は主要部にはならないと主張されていたが、en-などは語彙範疇決定能力があるので、明らかに例外的なものとして扱われていた。Scalise (1988) は、(34) のように、**ゼロ派生**（**Zero Derivation**）を用いることによってen-など、一見、語彙範疇決定能力があるように見える接頭辞も右側主要部の規則どおり、主要部ではないと主張する。ゼロ派生とは、目に見えないゼロ（0）接辞付加がおこなわれる過程のことである。

(34) 1) レキシコン　　　　：[rich]$_A$
　　 2) ゼロ派生接辞付加：[[rich]$_A$＋0]$_V$
　　 3) 接頭辞付加　　　　：[en＋[[rich]$_A$＋0]$_V$]$_V$

確かに、(34) のように分析すると、右側に位置するゼロ派生接尾辞 (0) が主要部となり、ゼロ派生接尾辞が付加された時点で、richは動詞となる。接頭辞en-はゼロ派生された動詞 [[rich] A＋0] Vに付加され、同じ語彙範疇である動詞を派生するので右側主要部の規則に違反するものではないと考えられる。また、このゼロ派生による分析は (35) に見られるように、オランダ語やフランス語などにおいても、それぞれの接頭辞付加による語の派生過程での右側主要部の規則の妥当性を支持するものである。

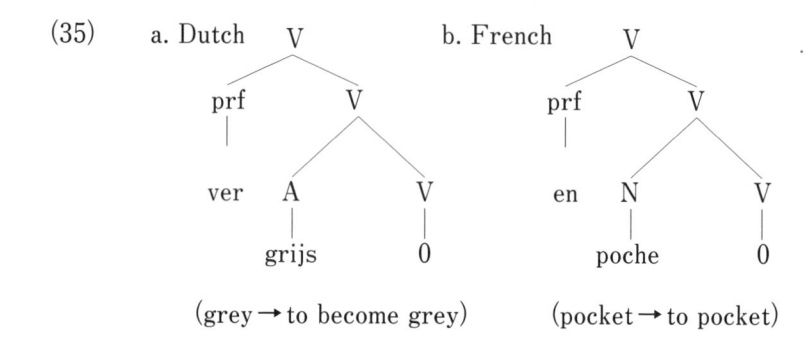

(35)　　a. Dutch　　　V
　　　　　　　　　　／＼
　　　　　　　　　prf　V
　　　　　　　　　 │　／＼
　　　　　　　　　ver　A　V
　　　　　　　　　　　│　│
　　　　　　　　　　grijs　0

　　　　b. French　　　V
　　　　　　　　　　／＼
　　　　　　　　　prf　V
　　　　　　　　　 │　／＼
　　　　　　　　　en　N　V
　　　　　　　　　　　│　│
　　　　　　　　　　poche　0

　　　　(grey → to become grey)　　(pocket → to pocket)

さらに、他の接頭辞、be-, dis-なども同様の分析が可能である。ただし、竝木 (1992) が指摘するように、Scaliseの分析には (36) のような場合には、なぜen-が付加されないのかという問題が残る。

(36) a. dry (A) → dry (V)　b. clean (A) → clean (V)

2.2　複合語の種類

前節で挙げた、右側主要部の規則に反する例として挙げられた、接頭辞en-の場合などの他に、右側主要部の規則に違反する例が複合語においても存在する。通常、複合語は、右側主要部の規則にしたがう。したがって、blackboard（黒板）では右側の名詞が主要語（主要部）であり、この名詞boardは複合語全体の意味の一部分を担っている（blackboard（黒板）はboard（板）の一種である）。これらの複合語のことを**内心複合語**（Endocentric Compound）という。それに対して、pickpocket（すり）のような複合語は複合語全体の意味の中心となる主要語（主要部）は存在せず、さら各々の語の意味を合成しても複合語全体の意味にはならない。このような複合語を**外心複合語**（Exocentric Compound）という。すなわち、pickpocketはpocketの一種ではなく、それぞれの単語の意味（「拾う」と「ポケット」）を合成しても、複合語全体の意味（すり）を表わすことにはならない。一般的に、多くの複合語が内心複合語であり、外心複合語の数は内心複合語の数より少ないといわれている。

(37) 外心複合語
 a. ［push V ＋ up P］N（腕立て伏せ）
 b. ［run V ＋ down P］N（要約・概要）(Williams 1981: 250)

3. 動詞由来複合語（Verbal Compound）

　動詞由来複合語（Verbal Compound）とは複合語の2番目の要素に動詞が含まれ、接尾辞、-ing, -er, -ed などが付加されているものをいう。また、主要部に -ing, -er, -ed などを含むものだけを指し、その他は語根複合語とされる。

　　　(38) a. time-saver（時間節約になるもの）: X save (V) time (O)
　　　　　 b. house-cleaning（家の掃除）: X clean (V) house (O)
　　　　　 c. peace-making（調停・仲裁）: X make (V) peace (O)
　　　　　 d. good-looking（美人）: X look (V) good (C)

(38) a-d.において、これらの動詞由来複合語は動詞の右側にある第1要素を使って複合語を形成している。すなわち、動詞の右側で2番目に位置する要素を用いて動詞由来複合語を形成することはできない（(1)は第1要素を、(2)は第2要素を示す）。

　　　(39) a. She makes peace quickly.
　　　　　　　　　　　(1)　(2)
　　　　　 b. peace making → peace making
　　　　　　　(1)
　　　　　 c. quick making → *quick making
　　　　　　　(2)

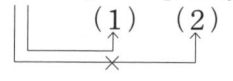

(39)で見られるような動詞由来複合語におけるこのような制約は以下のような原理によって定義することができる。

　　　(40) **第一姉妹の原理**（First Sister Principle）
　　　　　 すべての動詞由来複合語は、動詞の第一姉妹の位置に生じる語を編入（Incorporation）することによって作られる。

4. 阻止 (Blocking)

阻止とは、すでに同義語が存在している時、派生による新しい新造語が容認不可能になること。

(41) Xous ＋ ity → Xousity ：すでに別の抽象名詞が存在している
　　　(形)　　　(名)　　　場合に新しいものは認められない。

(形)	(抽名)	
curious		curiousity
specious		speciosity
glorious	glory	*gloriosity
furious	fury	*furiosity

5. 逆成 (Back-Formation)

逆成とは、派生を元に戻す、あるいは接辞と分析されうる部分を基体から削除してしまう操作のこと。

(42) a) burglar → burgle （強盗する）
　　 b) editor → edit （編集する）
　　 c) greedy → greed （食欲）

6. 異分析 (Metanalysis)

異分析とは、ある語が従来とは異なった仕方で分析されることである。
　例えば、apron という単語は本来は napron であった。ところが冠詞がついた a napron が時代の流れとともに、語頭の n が前にある冠詞 a と連結して an apron となった。

(43) a. a napron → an apron
b. Hamburg ＋ er → Ham ＋ burger
cf. Cheese-burger, King-burger, Beef-burger など

7. 頭文字語（Acronym）

頭文字語とは、名前を示す句の語の始めの文字を使用して作りだされる語のことであり、一般的に、これらは名詞である。

頭文字語には二種類あり、文字の発音をするものと、1つの単語と同じように発音するものとがある。

(44) a. 文字の発音をするもの
British Broadcasting Corporation → B.B.C（英国放送協会）
Los Angeles → L. A.（ロサンゼルス）
b. 1つの単語のように発音されるもの
Self Contained Underwater Breathing Apparatus → scuba（スキューバ）
[sk(j)úːba]
The North Atlantic Treaty Organization → NATO（北大西洋条約機構）
[néɪtoʊ]

8. 混成（Blending）

混成とは、いくつかの語において、それらの語の一部を取り出して、新たに組み合わせて、新しい語を作り出すことである。

(45) a. smoke ＋ fog → smog（スモッグ）
b. motor ＋ hotel → motel（自動車旅行者用ホテル）
c. breakfast ＋ lunch → brunch（昼食兼朝食）

参考文献（＊は推薦図書を示す）

Allen, M. (1978) Morphological Investigations. Ph. D. dissertation, University of Connecicut.

＊Aronoff, M. (1976) *Word Formation in Generative Grammar*. Cambridge: MIT Press.

＊Bauer, L. (1983) *English Word-Formation*. Cambridge: CUP.

Gordon. P. (1985) "Level Ordering in Lexical Derivation." *Cognition* 21, 73-93.

郡司隆男・西垣内泰介 編著（2004）『ことばの科学ハンドブック』東京：研究社.

＊Katamba, F. (1993) *Morphology*. London: Macmillan.

小林泰秀 他 (2000)『英語学の道しるべ』東京：英潮社.

＊窪薗晴夫（1995）『語形成と音韻構造』東京：くろしお出版.

Lieber, R. (1992) *Deconstructing Morphology*. Chicago: Chicago University Press.

＊並木崇康（1985）『語形成』東京：大修館書店.

並木崇康（1992）「形態論」『海外言語学情報』第6号．東京：大修館書店. 179-189.

並木崇康（1994）「語の階層性」『月刊言語』3月号．東京：大修館書店. 44-51.

西原哲雄（1994）「語構造のパラドックスと音律構造」『甲南英文学』第9号．43-60.

西原哲雄（1994）「複合語の屈折と慣用化」『ことばの音と形：枡矢好弘教授還暦記念論文集』東京：こびあん書房. 230-238.

西原哲雄（1995）「接頭辞付加とゼロ派生について」『長野県短期大学紀要』第50号．129-134.

＊大石　強（1988）『形態論』東京：開拓社.

Scalise, S. (1988) "The Notion of 'Head' in Morphology." In Booij, G. and J. Van Marle (Eds.) *Yearbook of Morphology* 1988. Dordrecht: Foris. 247-58.

* Selkirk, E. (1982) *The Syntax of Words*. Cambridge, Mass.: MIT Press.

* Spencer, A. (1991) *Morphological Theory*. Oxford: Blackwell.

Siegel, D. (1973) *Topics in English Morphology*. Ph. D. dissertation, MIT. (New York: Garland 1979)

高橋勝忠・福田　稔 (2001)『英語学セミナー』東京：松柏社.

Williams, E. (1981) "On the Notions 'Lexically related' and 'Head of a Word'". *Linguistic Inquiry* 12, 245-74.

第4章　意味論

　意味論（semantics）とは言語の意味の探求や表現の解釈を扱う言語学の部門である。意味論で用いられる概念や分析はもともと哲学や論理学や心理学に基づくものが多い。第1章では**統語論**が述べられたが、統語論と意味論と次章で扱う**語用論**（pragmatics）いう学問の分野区分も、もともと**記号論**（semiotics）における分野区分に基づいている。つまり、言語表現と言語表現との間の関係を扱うのが統語論、言語表現と言語表現が指し示すものとの関係を扱うのが意味論、言語表現と言語表現が指し示すものと言語表現を用いる人間との間の三角関係を扱うのが語用論であると言われていた。このような区分が統語論・意味論・語用論の基本的な分け方ではあるが、言語におけるどんなことを意味現象と捉えるか、さらに、意味とは何なのか、どのような意味現象をどのように捉えようとするのか、人間と人間がコミュニケーションを行う時に意味はどう伝えられているのか、ということについての意味観の違いから、意味理論には大きく異なったさまざまなものがある。そこで、まず初めに構造主義的言語観から言語学で伝統的に考えられてきた主な意味現象を紹介し、次に、基本的な意味観に触れる。

1. 主な意味関係

　「言語は、対立に基盤を置く体系という性質を持っており、実体としての単位はどこにもない」（Saussure（1916：第4章4節要約））というFerdinand de Saussureに始まる**構造主義言語学**（structural linguistics）は、音であれ意味であれ、要素は他の要素との関係によって規定されるという言語観に立脚している。したがって、構造主義的言語観に立つと、言語現象は第一義的には関係として捉えられるべきものである。言語要素の価値は他の要素との対立、つまり、違いにあるとされてい

たからである。このような言語観において捉えられる意味関係とは次に述べるような様々なものがある。

1.1 同義

例えば

 (1) a. John is a father.
   b. John is a male parent.

において、(1a)と(1b)はほぼ同じ意味を持っていると言える。ほぼ同義というのは一方の文が真である時他方の文も真であり、一方の文が偽である時他方の文も偽であるという関係である。これを**同義**(**synonymy**)と言う。

1.2 反意

例えば

 (2) a. John is a father.
   b. Mary is a mother.

という文においてfatherに対してmotherという単語は、男性か女性かという点だけで異なっており、他の点では意味がほぼ同じであると言える。このような関係を**反意**(**antonymy**)と言う。

1.3 矛盾

例えば、

 (3) a. My father is a woman.
   b. John kissed Mary passionately, but he didn't touch her with his lips.

(3a)はfatherの意味とwomanの意味が合致しない。(3b)ではキス

ることが成立するためには唇が接触することが必要なのにそのことが否定されていうる。このような関係を**矛盾**（contradiction）という。

1.4 （意味論的）含意

例えば、

    （4）a. John is a father.
         b. John is a parent.

において、（4a）が真であるならば必ず（4b）もまた真となる。このような関係を**（意味論的）含意**（entailment）と言い、ここでは（4a）が（4b）を含意していると言う。

1.5 上下関係

上記（4）の例文のfatherは**下位語**（hyponym）、parentは**上位語**（hyperonymまたはsuperordinate word）という関係、つまり、**上下関係**（hyponymy）になっていると言う。下位語の意味は上位語の意味を含んでいるので下位語は上位語を含意するが、反対に、上位語は下位語を含意しないという関係である。上位語の意味は下位語の意味に包摂（inclusion）されているのである。したがって、上位語の意味が否定されたなら、下位語の意味も否定されるので、例えば下記の文において、

    （5）a. I didn't see a child, but I saw a boy.
         b. I didn't see a boy, but I saw a child.
         c. I didn't see a boy, but I saw a girl.

（5a）は矛盾することになる。しかし、（5b）は矛盾していない。なぜなら、（5b）は（5c）のような解釈を含むことができるからである。

1.6 前提

ある文が真または偽であるために当然必要とされることがある。例えば、

(6) a. The queen is smart.
　　b. The queen isn't smart.
　　c. Is the queen smart?
　　d. If the queen is smart, then the people are happy.

(6a) の文が断定されたり、否定されたり、疑問化されたり、想定されたりする場合、いずれの場合にも

(7) There is a queen.

ということが**前提** (**presupposition**) されていると言う。

1.7 多義・二義・あいまい

世界の全ての言語の大半の単語には複数の意味がある。これを**多義性** (**polysemy**) と言う。例えば、bankという単語には「(川の) 土手」という意味と「銀行」というはっきり異なった少なくとも2つの意味があると言われる。2つの意味がある多義性を**二義性** (**ambiguity**) と言う。二義性は明確に区別される意味の違いであるので、一方が否定されても他方の意味は明確に存在している。例えば、dogという単語には「犬」の意味と「雄犬」の意味があり、それらは明確に区別されるので二義性を示す。しかしlionには「ライオン」と「雄ライオン」という意味があっても、それらは**あいまい** (**vague**) であって、はっきり区別された意味になっていない。このことは、下記の例に見られるように、dogについては一方の意味を否定できるが、lionについては、明確に一方の意味だけを否定しにくいということからわかる。

(8) a. That dog isn't a dog; it's a bitch.
　　b. ?That lion isn't a lion; it's a lioness.

単語の意味だけでなく構文の意味も二義性を示すことがある。

(9) They saw her duck into the cellar.

(9)には「彼女のアヒルを地下室まで見送った」という意味と「彼女が頭をすくめて地下室に入っていくのを見た」という2つの意味があり二義的である。一方、次の例のmy sisterはあいまいである。

(10) My sister was the Education Secretary.

Sisterが「姉」を意味するのか「妹」を意味するのかの意味の違いは明確にされておらず、二義的なのではなく、あいまいなのである。あいまいな意味とは明確に指定されていない意味と言うこともできる。

2. 意味に関する4つの理論

　意味論は、どんな言語観・意味観を持つかによって大きく異なる理論として具現化されるが、どのような考えが有力なものと見なされるかは言語学の時代によって変わってきた。今日少なくとも次の4つが有力な考えであると見なされている。1つは、意味論は前節に挙げたような意味関係を記述すればそれで事足りるとする考え方である。他の3つは意味とは何かに関する諸説である。その1つは意味とは、語であれ文であれ、言語表現の指し示すもの、つまりその表現の**指示物**（reference）であるという説である。もう1つは、意味とはその表現に関する人間の**概念**（concept）・**認識**（cognition）であるという説である。最後の1つは、意味は最終的には話し手が聞き手に伝えようとした**意図**（intention）であるという説である。現代では最初の考え方

は構造主義的立場と呼ばれ、後の3つのうち最初の説は**形式意味論**（formal semantics）、2番目は**概念意味論**（conceptual semantics）と**認知意味論**（cognitive semantics）、3番目は**関連性理論**（relevance theory）という理論となって姿を現していると言える。これらのうち最後の関連性理論は意味論から得られた何らかの意味形式が話者の推論の材料として利用され、最終的に話者が意図したことが（語用論的）含意として示されるので、語用論が意味に関わる問題の中心領域となっていると考えている。したがってこの理論については次章の語用論で扱うことにする。以下本章では、構造主義的立場と形式意味論、概念意味論、認知意味論を概観していく。

3. 構造主義的立場

　構造主義的立場とは、1960〜70年代に中心的な意味論であり、意味を複数の言語形式の間で比較し、その違いによって意味を記述しようとするものである。Fillmore（1975）によって**チェックリスト意味論**（checklist theory of meaning）などとも呼ばれている。この意味の違いを記述するのに便利な道具の1つが**意味素性**（semantic feature）である。例えば、

　　　　(11) a. girl　woman　sister　　wife　　　queen　　[female]
　　　　　　 b. boy　man　　brother　husband　king　　　[male]
　　　　　　 c. child　person　sibling　spouse　　monarch　（性の指定無し）

(11)のような語群をみると(11a)は［female］（女性）、(11b)は［male］（男性）という意味特徴を持っている。それに対して、(11c)は性に関する指定がない。［female］と［male］という特徴は一方が成立すれば他方が成立しないという相補的（complementary）な関係になっている。つまり［+female］ならば［-male］であり、［-female］ならば［+male］である。そこで記述の簡潔性のため、［±male］とい

う特徴を意味素性として設定すると、[female] は [-male]、[male] は [+male] と表現できる。同様の考察から [±human]、[±adult] などの意味素性が考案されてきた。その記述例が (12) である。

(12) child   [+human]   [-adult]
     boy   [+human]   [-adult]   [+male]
     girl   [+human]   [-adult]   [-male]
     adult   [+human]   [+adult]
     woman   [+human]   [+adult]   [-male]
     man   [+human]   [+adult]   [+male]
     mare   [-human]   [+adult]   [-male]
     stallion [-human]   [+adult]   [+male]
     bitch   [-human]   [+adult]   [-male]
     horse   [-human]   [+adult]

このような記述によって、1節で述べられたような意味関係、例えば、同義・反意・含意・上下関係などは確かにある程度捉えることが出来る。しかし、このような記述は決して余すところのない記述になっていない。意味素性は、音韻素性と同様、言語学的に有意義な一般化を捉えていなければならないものと考えられていたが、上記のような記述がある程度であれ可能なのは家族関係などごく一部の語彙に限られている。大多数の語彙の意味を捉えられないことや、1つの語彙であってもその意味を余すところなく捉えることができないといった欠点を持っている。さらに6節で明らかにされるように、人間の認識にも適っていないものなのである。

4. 形式意味論

　Frege (1892) などは、言語表現の意味をその指示物と考えた。指示物は**外延** (denotation) と呼ばれる場合もある。さて、言語表現に

は、いくつかの表現が同じ指示物を指していることもある。例えばJohnという人物に姉が1人いるとすると、

 (13) a. the sister of John
    b. the daughter of John's parents

これらの表現はどちらも同じ人物を指している。つまり（13a）と（13b）は指示物が同じである。しかし（13a）と（13b）は指示物が同じだからといって意味も同じだとは言いきれない。これらの表現は指示物は同じであるが**意味内容**（sense）が違うからである。意味内容は**内包**（connotation）と呼ばれることもある。意味内容が同じであるが指示物が違う場合もある。

 (14) a. the largest city in the world
    b. my neighbor

（14a）の「世界最大の都市」を意味する表現は、何を基準にするかによって、指示物が異なる。また、同じ基準であっても、時代によってロンドンであったり、東京であったり、ニューヨークであったり、メキシコシティーであったりして、指示物が異なる。また（14b）の「私の隣人」も、「私」が誰なのか、さらにいつのことなのかによって指示物は無数に異なる。

 このように表現の意味に指示物あるいは外延と呼ばれる意味を認めると意味内容あるいは内包と呼ばれるもう1つの種類の意味も認めなければならないことが分かる。名詞句だけでなく他の範疇の外延と内包も例として表にすると、次のようなものが考えられる。（(15) の表はChierchia and McConnell-Ginet（1990）に基づく。）

(15)

	表現	指示物・外延	意味内容・内包
範疇	指示的名詞句	個体	個体概念
例	*the morning star*	Venus	The concept of the star that disappears last in the morning
範疇	動詞句	個体のクラス	概念
例	*is Italian*	The Italians	The concept of being Italian
範疇	文	真理値	命題
例	*Romeo is Italian.*	True/False	The thought that Romeo is Italian

　この表で、文の指示物が真理値であるとされているのは、**構成性の原理**（principle of compositionality）と**置き換え可能性の原則**（principle of substitutability）という2原則に基づいて文の意味を考察したことに起因する考えである。構成性の原理というのは、名詞句や文などいくつかの要素から構成されている複雑な表現は、その意味がそれらの構成要素の意味を合計した意味になるもので、一言で言えば、全体は部分の総和であるという原理である。置き換え可能性の原理は構成性の原理から必然的に含意されるもので、意味が同じ複数の表現があるなら、それらの表現どうしは置き換えても意味が変わらないという原理である。すると、文において文中の要素をその要素と外延が同じ別の表現で置き換えても文全体の外延は同じだということになる。では、様々な文中の表現を外延が同じ様々な別の表現でいろいろに置き換えても常に変わらない文全体の指示物とは何かと考えると、それは真理値であるということになる。例えば、

(16) Romeo is Italian.

という文でRomeoをMario's brotherとかone of John's friendsといったRomeoを指す他の表現で置き換えると、文の内包はそれぞれの多様な意味に変わるが、文の外延は変わらない。つまり、Romeoがイタリア人ならば真であり、そうでなければ偽なのである。

　一方、文の内包は命題であると考えられている。Tarski (1944) によれば、命題とは、ある状況においてそれが表す事態が成立していれば真、成立していなければ偽になるものである。つまり、ある命題の意味が分かるということは、どんな状況でその命題が真になるかあるいは偽になるかが分かるということなのである。すると命題とはその命題を表す文が真になる状況であると言い代えることができる。この文が真になる状況をその文の**真理条件**（truth conditions）と言う。命題とはその命題を意味している文の真理条件であると言えるのである。(16) についてその真理条件は次のように表現できる。

　　(17) The sentence "Romeo is Italian" is true if, and only if, Romeo is Italian.

(17) は「"Romeo is Italian" という文はロミオがイタリア人である時、そしてその時に限って真である」ということを意味している。ここで引用符で囲まれた "Romeo is Italian" は対象言語（object language）、その他の部分はメタ言語（metalanguage）と呼ばれる。対象言語とはいま記述の対象となっている言語のことで、メタ言語とは対象言語を記述する言語のことである。対象言語を日本語にすれば、

　　(18) The sentence "ロミオはイタリア人だ" is true if, and only if, Romeo is Italian.

となる。このように文の意味を真理条件によって捉えようとする意味論を**真理条件意味論**（truth-conditional semantics）と言う。

　(17) や (18) では "Romeo is Italian" や "ロミオはイタリア人だ" の意味を文脈や状況を考えないで決めているが、厳密に考えれば、文

脈や状況、言い換えれば、世界（world）が変われば真理値も変わる可能性がある。世界には現実の世界のみならず仮想される世界、つまり、**可能世界**（possible world）もある。例えば、ロミオがイタリア人である可能世界では (16) は真であるが、ロミオがフランス人である可能世界では偽となる。そこで、ある1つの世界について、その世界において言語表現の指示物を定めることを**解釈**（interpretation）と呼ぶならば、(15) のような自然言語の表現の解釈は世界ごとに異なることになる。文の場合、ある解釈で真であればその解釈をその文のモデル（model）と言い、「任意の文はモデルMに関して真である」という言い方で真理条件が規定される。このような理論を**モデル理論**（model theory）と言い、これについては後にまた触れる。

文と文の論理関係は**命題論理**（propositional logic）によって捉えられ、例えば、

(19) Raf drank whiskey and Ken drank water.

という文は、P (Raf drank whiskey) と Q (Ken drank water) という2つの命題から成り立っていて、(19) の文全体の真理条件は、PとQの命題の真偽値によって決まってくる。つまり、英語のandを"∧"という論理記号で表すと、(19) はP∧Qと表現されて、その真偽値は、真を1、偽を0で表記すると、

(20)

P	Q	P∧Q
1	1	1
1	0	0
0	1	0
0	0	0

となる。(20) のような表を**真理表**（truth table）と言うが、これは、確かに、andという単語の真理条件意味論的な意味を捉えていると言

える。同様に、英語のor、if...(then)...、notについても、それぞれ、"∨"、"→"、"～"といった記号で表現して、それぞれに真理表を与えることで、その真理条件意味論的な意味が捉えられる。

　命題論理が命題を最小単位として扱っているのに対して、命題の中身を扱うのが**述語論理**（predicate logic）である。一般に、文は主語（subject）と述語（predicate）から成り立っていると言われるが、述語と名詞から成り立っているとも言える。例えば、

　　　(21) a. John is tall.
　　　　　 b. John loves Mary.

といった文は、(21a)では主語と述語から成り立っており、(21b)では述語と主語・目的語の2つの名詞から成り立っているので、述語論理学では

　　　(22) a. T (j)
　　　　　 b. L (j, m)

というふうに表記される。(22a)はjで示されているJohnという個体（individual）を指す定項（constant）と、Tで示されているbe tallという述語を指す定項から成っている。(22b)は、jの他にMaryを指すmという個体定項とLで示されているloveを表す述語定項から成っている。(22a)のTのような1つの項（argument）しか取らない述語を1項述語（one-place predicate）、(22b)のような2つ項を取る述語を2項述語と言う。いわゆる自動詞は1項述語であり、他動詞は取る目的語の数によって2項述語や3項述語などと言われる。これら述語と項がなす構造を**関数－項構造**（function-argument structure）または**関数構造**（functional structure）と言う。(22)のjやmのような明確な指示物を持つ表現に対して、指示物が同定されず不定であるものは変項（variable）で示される。例えば、every girlやsome girlsという表現は特定の個体を指しているわけではない。このような場合、形式論理学

では、変項だけでなく、someやmanyなどの数量詞（quantifier）の意味に対応する**存在量化子**（existential quantifier）、及びallやeveryなどの数量詞の意味に対応する**全称量化子**（universal quantifier）と呼ばれる定項も用いてその意味を捉えようとする。存在量化子は∃、全称量化子は∀という記号で示され、変項はx, y, z, などのアルファベットで示される。そこで、例えば、少女であることを示す述語をG、かわいいことを示す述語をPとすると、(23a) (24a) の文の意味はそれぞれ (23b) (24b) のように表現される。

 (23) a. Some girls are pretty.
    b. $\exists x\ (G(x) \wedge P(x))$
 (24) a. Every girl is pretty.
    b. $\forall x\ (G(x) \rightarrow P(x))$

(23a) は「かわいい少女もいる」という意味であるが、これは (23b) の論理形式では「少女であり、かつかわいいという条件を満たす個体が少なくとも１つ存在する」という解釈で表現されている。一方、(24a) は「どの少女もかわいい」という意味であるが、これは (24b) の論理形式では「全ての個体に関して、少女であれば、その個体はかわいい」という解釈で表現されている。

 ここで、例えば、前出の

 (21) a. John is tall.

についてモデル理論的にどう解釈されるかを見てみる。一般に表現αの可能世界w1における指示物を $[\alpha]^{w1}$ とすると、固有名詞Johnの意味は

 (25) $[\text{John}]^{w1} = \text{John}$

と表現され、ここで右辺のJohnは、実際にある世界に存在するジョンのことである。次にis tallの意味は可能世界における背の高いもの

の集合であるが、ある可能世界w1ではJohnがその集合に中に含まれるが、別の可能世界w2では含まれないとすると、例えば、

(26) a.　$[\text{tall}]^{w1} = \{\text{John} \to 1, \text{Tom} \to 0, \text{Mary} \to 1, ...\}$
　　 b.　$[\text{tall}]^{w2} = \{\text{John} \to 0, \text{Tom} \to 1, \text{Mary} \to 1, ...\}$

となる。ここで、John→1はJohnという固有名詞の指示物が存在すること、Tom→0はTomという名詞の指示物が存在しないことを表している。つまり、w1では、JohnとMaryは背が高いが、Tomは背が高くないのである。それに対して、w2ではTomとMaryは背が高いが、Johnは背が高くないのである。そこで（21a）の意味は

(27) a.　$[\text{tall}]([\text{John}])^{w1} = 1$
　　 b.　$[\text{tall}]([\text{John}])^{w2} = 0$

つまりw1では真、w2では偽となるのである。これはモデル理論的に自然言語の真理条件を解釈したことになる。

　このように、真理条件意味論は、命題論理、述語論理、可能世界意味論、さらに、**内包論理学**（intensional logic）など論理学の発展につれて、ますます自然言語の意味を精緻に捉える形式意味論として質的に発展しているだけでなく、その扱う言語現象の範囲も**文文法**（sentence grammar）を超えて、現在では、**談話表示理論**（discourse representation theory）と呼ばれる理論が**談話文法**（discourse grammar）の領域にまで展開されている。

5. 概念意味論

　意味とは概念または認識であるとする意味論は概念意味論と認知意味論と呼ばれるが、両者はかなり異なった意味理論になっている。概念意味論としてはChomskyの生成文法理論と合致する意味論としてJackendoff（1983、1990）が提案した意味論があげられる。Jackendoff

は、意味論とは人間の言語能力と知覚や運動制御などの他の認知理論との接点を扱うものであると考える。したがって意味論には言語能力から要求される制約と認知能力から要求される制約の両方が課されていることになり、前者が**文法制約**（grammatical constraint）、後者が**認知制約**（cognitive constraint）と呼ばれる。文法制約は、統語構造と意味理論との違いを小さいものとしようとする制約で、統語的形式から大きく違った意味形式を設定する意味理論を好ましくないものとするのである。一方、認知制約とは、言語が伝える情報と視覚・非言語的聴覚・嗅覚・運動感覚などの感覚システムからの情報とが合致する心的表示レベル（a level of mental representation）がなければならないとする制約である。この点でJackendoffは前節で紹介した形式意味論が、例えば下記の（28a）のような文に対して（28b）のような意味形式を与えるのは文法制約にも認知制約にも反するものであるとしている。

(28) a. Floyd broke a glass.
b. $\exists x\ (\text{glass}(x) \land \text{break}(\text{Floyd}, x))$

なぜなら、（28a）のような統語的形式と（28b）のような意味形式は著しく形態が異なっており文法制約上好ましくないし、形式意味論は、そもそも論理学に基盤をおいたものであって、認知科学的基盤を持っていないという点で認知制約の点からも支持されない意味論であるからである。前節で述べたように、そもそも形式意味論は言語の意味をその指示物であるとか真理値であるとすることから出発しているが、このこと自体が認知制約に反するとJackendoffは考えるのである。形式意味論は言語が伝える情報は現実世界に何かをすることであると考えているが、Jackendoffは人間が実際に経験している世界は、客観的な現実世界ではなく、精神に内在的な構成原理によって構成された**投射世界**（projected world）[または経験された世界（experienced world）もしくは現象世界（phenomenal world）]と呼ばれるものなのである。言語が伝える情報も投射世界に関するものなのである。したがって、

そもそも言語の意味をその指示物や真理値といった観点から捉えようとする形式意味論は、文法制約にも認知制約にもそぐわない非生産的で実り少ない意味論でしかないとJackendoffは考えている。

このような意味観からJackendoff（1990）は、語彙に対して概略、次のような**概念構造**（conceptual structure：CS）と呼ぶ意味構造を提案し、さらに、概念構造のどの部分がどう統語構造に対応しているのかを説明しようとする。いま時制を無視すると、例えば、(29a)は(29b)のように分析される。

  (29) a. John went home.
    b. [$_{Event}$ GO ([$_{Thing}$ JOHN], [$_{Path}$ TO ([$_{Place}$ HOME])])]

(29b)において、下付添え字で表されたEvent, Thing, Path, Placeというのは主要概念範疇（major conceptual category）で、他にSTATE, ACTIONなどがある。これらを度外視すると、(29b)は(30)の形式をしているのが分かる。

  (30) GO（JOHN, TO（HOME））

ここでGOは、goの意味を利用して作られた、あるものの道（path）に沿った移動を表す原始関数（primitive function）である。原始関数には他にCAUSE、STAY、AFF［affectの意味から］などがある。(30)で原始概念（primitive concept）のJohnは最初の関数項の位置を占めており、第2の位置はTO（HOME）が占めている。TOも原始概念で場所をその項として取っており、TO（HOME）はhomeを目標地点（goal）とする道の概念を表現している。つまり、(29b)で [ ] で囲まれた部分がそれぞれ1つの概念を表しているのである。すると動詞goの意味表示を取り出すと

  (31) go：[$_{Event}$ GO ([$_{Thing}$＿＿＿], [$_{Path}$＿＿＿])]

となっているのが分かるが、実はJackendoffは、このようなgoの意

味を利用して原始関数のGOを設定することにより、全ての種類の変移（transition）の意味を表そうとしているのである。例えば、物体の所有権の移動を表す関数としてGO_{Poss}を設定し、因果関係を表す関数CAUSEの結果が成就する関数として$CAUSE^+$（CS^+）を設定し、影響を表す関数AFFの肯定的影響（恩恵など）を表す関数としてAFF^+を設定して、(32a) の文の意味を (32b) と表現している。

(32) a. Harry gave Sam a book.
b. $\begin{bmatrix} CS^+ ([_{Thing}HARRY], [_{Event}GO_{Poss}] ([_{Thing}BOOK], \\ \quad\quad\quad [_{Path}FROM([_{Thing}HARRY] TO \\ \quad\quad\quad ([_{Thing}SAM])])]) \\ AFF^+ ([HARRY],[SAM]) \\ _{Event} \end{bmatrix}$

(32b) は2行に渡っているが、上の行は主題層（thematic tier）と呼び一般に物体の動作や位置に関する関係を表すもので、ここでは「ハリーが本にその所有がハリーからサムに移動することを引き起こした」という意味を表現している。一方、下の行は動作層（action tier）と呼び一般に動作主（agent）と被動者（patient）の関係を表すもので、ここでは「ハリーがサムに利益を与えた」という意味を表現している。

では次に (32b) の語彙概念構造が統語構造とどのように結びつけられるのであろうか。Jackendoffが提案している1つの方法は動詞の語彙概念構造において項であることを示すA指定（A-marking）とそれを主題階層（thematic hierarchy）によって並べることにより、統語構造と対応づけるというやり方である。(32a) の文と (32b) の概念構造が対応するには、動詞giveの概念構造は (33) のようなものであると考えられている。下付文字のAがA指定されていることを示し、αとβを付されたものがそれぞれ同じものであることを示している。

(33) $\begin{bmatrix} \text{CS}^+ \ ([\alpha], [\text{GO}_{\text{Poss}}] \ ([\ ]_A, [\text{FROM} \ ([\alpha]) \ \text{TO} \ ([\beta])])] \\ \text{AFF}^+ \ ([\ ]^{\alpha}_A, [\ ]^{\beta}_A) \\ \text{Event} \end{bmatrix}$

ここでA指定を受けた項は次の項結合（argument linking）と主題階層によって統語階層（syntactic hierarchy）との対応が示される。

(34) a. 項結合

動詞の語彙概念構造においてA指定された構成素を主題階層に従って配列せよ。

b. 主題階層

動作層においてA指定された項を左から右へ配列せよ。次に、主題層の主概念構造におけるA指定された項を最も浅く埋め込まれたものから最も深く埋め込まれたものへと配列せよ。

c. 統語階層

i. [$_S$ NP...]

ii. [$_{VP}$ V NP...]

iii. [$_{VP}$ V...NP...]

(34a) によって、(33) の動作層のAFF$^+$ ([ ]$^{\alpha}_A$, [ ]$^{\beta}_A$) の左側の項である [ ]$^{\alpha}_A$ が統語階層のi.、つまり主語であること、AFF$^+$ ([ ]$^{\alpha}_A$, [ ]$^{\beta}_A$) の右側の項である [ ]$^{\beta}_A$ が統語階層のii.、つまり第1目的語であることが対応づけられている。また (33) の主題層の中で、すでに関係付けられているαとβ以外の項である [ ]$_A$ が統語階層のiii.、つまり第2目的語であることが対応付けられている。

このようなJackendoffの意味論に対して、Löbner (2002) は、語の意味に対するモデルを与えているか、語の意味を基本的な意味に還元しているか、語彙項目の正確な解釈が可能になっているか、意味関係を説明できるか、語彙項目の構成的な特性を説明しているか、いくつ

かの言語にまたがって意味の比較を可能なものとしているか、といった観点から他の意味理論とも比較して、ほぼ満足のいく理論であるという評価を下している。しかしながら、Jackendoffの意味論はChomskyの生成文法理論と協調しながら立てられた意味論であり、認知的な観点を持っているといっても、それは次節で述べる認知意味論とは基本的言語観が大きく違っていることから、批判もまた受けているのである。

6. 認知意味論

　過去30年間ほどの間に**認知科学**（cognitive science）、特に**認知心理学**（cognitive psychology）が大きく発展し、言語学一般、特に意味論に大きな影響を与えることになった。認知科学は、人間の脳が感覚を通していかに外界の情報を受け取り、その情報を脳に貯えられたデータと照合し、分類し、貯えるかという情報処理に関する科学である。認知意味論は、意味は認知過程によって媒介・構成される人間の認知・理解に基づく存在であるという認知意味観を取るので、用いられる概念や範疇の説明において認知心理学が大きな重要性を持つようになったわけである。しかしながら、前節まで述べた形式意味論や概念意味論のような明確な形の認知意味論という理論が成立しているわけではない。認知意味論と呼ばれる分野は、現実にはさまざまな考え方や方法論が存在している、いわば、認知意味論的研究法による自然言語の意味研究の集合体と言えるのである。そこで、以下では、それらの意味研究に共通してみられる意味理論として、様々な特徴の中から**プロトタイプ**（prototype）と**メタファー**（metaphor）を取り上げ、概説しながら認知意味論の意味観を明らかにしていく。

6.1 プロトタイプ

4節で述べた言語表現の意味はその指示物であるという意味観から発展した形式意味論とは大きく異なり、前節のJackendoffの概念意味論と共通して、認知意味論では意味とは概念であり、語の意味とは認識された外界の**範疇化** (categorization) されたものであるという意味観に立つ。そこで、プロトタイプの説明のためには、まず、Chomskyらの生成文法や形式意味論で前提とされていた伝統的なアリストテレス流の範疇モデルを理解する必要がある。これは、3節でチェックリスト意味論とも言われていた二価的な素性による研究法 (binary feature approach) が前提していた範疇モデルでもあり、次のような特徴を持つと考えられている。

(35) a. 範疇は必要十分条件によって規定される。
b. 範疇の成員は範疇に属するか属しないかのどちらかである。
c. 範疇の境界は明確である。
d. 範疇の成員は全て同じ地位を持っている。

これらの性質は、範疇の条件も、また、それらの条件によって成立する範疇も西洋古典論理学の排中律 (law of excluded middle) を厳格に守っているため、ある条件に合致するかしないか、範疇の成員であるか成員でないかについてイエスかノーかのどちらかの答えしか認めないために、必然的に出てくるものである。

上述の伝統的範疇モデルに対する認知心理学からの最初の反証の1つがBerlin and Kay (1969) の色彩語研究であった。Berlin and Kayはredやbrownなどの単語で表される色には色彩の焦点となる典型的なもの［焦点色 (focal color)：redの場合ならclear red「真っ赤」］からそうでないものまである程度の幅があり、焦点からはずれた部分では、語の意味の境界ははっきりしないものであるということを明らか

にした。例えば、brownish redは赤っぽいが、reddish brownは茶色っぽく、その境界がどこなのかは明確に決定できない、あるいは、redとbrownの境界は重複しているということになる。Redもbrownもそれぞれ範疇になっているわけで、このことは（35b, c, d）に対する反証と言える。色彩語と限らず、その範疇の中心的成員となる典型的なものはプロトタイプと呼ばれた。

　色彩語以外でも様々な種類の多くの範疇についてプロトタイプという概念が有効であることが確かめられた。Rosch（1973）は、アメリカの大学生に対して範疇の例としてどの程度良いか悪いかを7ないし9段階で評価してもらう調査を行った。彼女はbirdという範疇について様々な鳥をどの程度birdらしいかを判断させると、結果は驚くほど一貫して、最もbirdらしい鳥から最もbirdらしくない鳥まで次のようなランキングとなった。

　　　(36) robin（コマツグミ）；
　　　　　 dove（野鳩）、sparrow（スズメ）、canary（カナリア）；
　　　　　 owl（フクロウ）、parrot（オウム）、pheasant（キジ）、
　　　　　 toucan（オオハシ）；
　　　　　 duck（アヒル）、peacock（くじゃく）；
　　　　　 penguin（ペンギン）、ostrich（ダチョウ）

つまり、robinがbirdのプロトタイプであり、penguinとostrichが最もbirdらしくないものと判断されたのである。しかも、プロトタイプであるrobinからはずれる鳥ほど

　　　(37) a. Is a penguin a bird?
　　　　　 b. Is an eagle a bird?

という疑問文に対して被験者の応答反応が長くかかるということから、このことは、(36)のランキングがかなり一貫したもので、個々の成員にbirdという範疇に対する帰属度に差があることを示している

のである。このような範疇成員間の帰属度合いに差があって内部構造が不均一になることを**プロトタイプ効果**（prototype effect）と呼ぶ。これは (35d) に対する反証になっていると言える。また、Rosch and Mervis (1975) は、ある範疇のプロトタイプは、その範疇の成員がもつ様々な特性が共有される度合いによって決まるとしている。Birdに関してならば、［羽毛がある］、［翼がある］、［足が２本ある］、［くちばしがある］、［卵を産む］、［空を飛ぶ］、［巣を作る］、［きれいな声で鳴く］、［森に住む］などの特性があるが、これらの特性はrobinのような典型的な鳥であるほど多く有していることがわかる。Penguinやostrichのような典型的でない鳥は、これらの特性の多くをもっていないし、逆に他の範疇の特性を持っていることもある。例えば、penguinは、fishの特性と考えられる「水中を泳ぐ」という性質を持っている。このことは (35a) に対する反証と考えられる。これはWittgenstein (1953) のいう**家族的類似性**（family resemblance）をなす範疇であることを示している。このbirdに関するのと同じような調査・実験は、furniture, clothing, toy, weaponなど人工物についても行われており、同様の結果が得られている。このような認知心理学的研究から、今日では、(35) のような性質をもつ伝統的範疇モデルは誤りであると考えられている。

　プロトタイプという観点を英語の構文理解に応用した研究としてGivón (1993) をあげることができる。Givónは英語の他動詞節は次のような性質を持った構文であると規定する。

　　　(38) a. 動作主性：プロトタイプ的他動詞節の主語は意図的に行為している動作主である。
　　　　　 b. 被動性：プロトタイプ的他動詞節の目的語は、具体的で目に見えて影響を被る被動者である。
　　　　　 c. 完結性：プロトタイプ的他動詞は有界的、終結的で、速く変化する、現実の時間に生じた出来事を表す。

したがって最も典型的な他動詞節は、主語が人間の動作主で、その動作主の短時間のうちに行われる行為によって、目的語はその存在・状態・位置・性質などが大きく影響を被ることになる実際の出来事を表す構文であるということになる。逆に、(38) の3つの性質がプロトタイプから逸脱していくほどプロトタイプ的他動詞節ではなくなっていくということになる。このことは以下に列挙する構文の性質を見ていくとわかる。

(39) a. He built a house.（彼は家を建てた。）
　　 b. They demolished the house.（彼らはその家を取り壊した。）
　　 c. He washed his shirt. （彼はシャツを洗った。）
　　 d. They moved the barn. （彼らは納屋を動かした。）

(40) The hammer smashed the window.（ハンマーが窓を粉々にした。）

(41) He amused them. （彼は彼らを面白がらせた。）

(42) a. The idea amused him.（その考えに彼は笑ってしまった。）
　　 b. Her faith saved her.（信仰のおかげで彼女はすくわれた。）

(43) He saw her. （彼には彼女が見えた。）

(44) They had a beautiful relationship.（彼らはすてきな関係だった。）

(39) は典型的な他動詞構文で、(39a) は創造動詞、(39b) は破壊動詞、(39c) は目的語の表面的状態を変化させる他動詞、(39d) は目的語の位置を変化させる他動詞を含むもので、それぞれ人間の主語が目的語に対して大きな影響を与えている。(40) は主語が人間ではなく道具になっている構文で、動詞と目的語はプロトタイプであるが、主語がプロトタイプからはずれている他動詞構文になっている。(41) は主語はプロトタイプであるが、目的語は被動者ではなく被授与者 (dative) になっている他動詞構文で、目的語が物理的・身体的に影響を受けているわけではない。(42) は無生物主語構文で、(42a) は無生物で非人間の原因が主語になっている構文である。(42b) も無生物

主語が原因になっている構文で、(42a, b) のどちらも目的語はもはやプロトタイプ的被動者ではない。(43) は主語が被授与者になっていて動詞も状態性 (stativity) の強いもので目的語も被動者ではない。(44) の動詞は**状態動詞** (stative verb) で、もはや出来事を表しているとは言えない。これらの構文に対する日本語訳を見ると、(42) ～ (44) は自動詞構文に翻訳されるのがわかる。英語は**他動性** (transitivity) の高い言語であると言われているが、それは、英語では、日本語ような他動性の高くない言語においては自動詞構文で表現されるものまで他動詞構文で表現しているということからも見て取れる。

6.2 メタファー

"Life is a journey."「人生は旅」、"Time is money."「時は金なり」などの有名なことわざは広く知られているメタファーの例である。メタファーはかつてもっぱら隠喩と呼ばれ、1980年以前のメタファー研究は**修辞学** (rhetoric) の一分野としての表現技法研究の1つと考えられてきた。そこでは、メタファーの認定やメタファーの解釈が問題とされていた。つまり、メタファーは言語だけの問題だとされていたのである。そこに登場したのが Lakoff and Johnson (1980) である。彼らは「われわれが普段、ものを考えたり行動したりする際に基づいている概念体系の本質は、根本的にメタファーによって成り立っている」ことに気づいた。つまり、人間の**思考過程** (thought processes) の大部分がメタファーによって成り立っていると考えたわけである。メタファーとはより具体的な概念をもとにしてより抽象的な概念を理解しようとする方策であり、より具体的な概念をメタファーの素材 (source)、より抽象的な概念がメタファーの対象 (target) とするなら、メタファーは素材領域から対象領域への写像 (mapping) であると規定できる。すると、例えば "Time is money."「時は金なり」というメタファーは、時間という抽象的な概念を、お金という日常誰もが使用している具体的なものによって理解しようとしている表現である

と言える。また、英語には次のような、もともとお金に関して用いていた語句を時間について用いている多様な表現があるが、いずれもこのメタファーによって動機付けられていることが分かる。

(45) a. You're *wasting* my time.
b. This gadget will *save* you hours.
c. I don't *have* the time to *give* you.
d. How do you *spend* your time these days?
e. That flat tire *cost* me an hour.

これらの例文の斜体字の単語、「浪費する」、「節約する」、「持つ」、「やる」、「使う」、「かかる」はもともとお金について語られる言葉であるのに時間について使われている。時間は目に見えず触れることも出来ない領域のものであるにもかかわらず浪費したり節約したりできるのは、お金という具体物に関する領域での人間の経験が時間に関する人間の抽象的な思考に構造を与えているからである。こうして我々は時間について"Time is money."「時は金なり」というメタファーを学習することによって、時間についてより一層理解することができるようになったと言える。Lakoff and Johnson（1980）は理解の仕方には2種類あるという。1つは人間の本性に根ざした自然な種類の経験に基づく理解であり、我々の肉体や物理的環境と我々とのあいだの相互作用や、我々の生活している文化内での人々との相互作用に基づいている直接即時の理解である。もう1つが、上述したような、具体的なものから抽象的なものへの写像であるメタファーによる間接的理解である。メタファーを使って素材の構造が対象に当てはめられることによって、間接的理解が行われているのである。このように認知意味論では、メタファーは人間の認識・理解において重要な役割を果たす仕組みであり、Chomskyの言語学や形式意味論が意味の周辺的現象と見なしているようなものではないと考えているのである。

　メタファーによる理解が語の意味変化をもたらしたと捉える研究が

Sweetser (1990) の英語法助動詞研究である。次の例文を見られたい。

(46) a. John *must* be home by ten; Mother won't let him stay out any later.（ジョンは10時までに帰宅しなければならない。お母さんはそれより遅く帰ることを許してはくれまい。）
b. John *must* be home already; I see his coat.
（ジョンはもう帰宅しているにちがいない。彼のコートが見える。）

この例文などからもよく知られているように、英語の法助動詞は一般に**根源的意味**（root sense）と**認識的意味**（epistemic sense）の2つの意味を持っており、中英語（Middle English: 1100年〜1500年ころ）の時代になってから前者から後者の意味が派生して生じたとされている。また、幼児の言語習得においても、前者から後者という順番になっていることが知られている。さらに、日本語は該当しないが、両者の意味をあわせ持つ述語が印欧諸語以外にも多数知られている。

　Sweetser (1990) は根源的意味と認識的意味の結びつきは偶然の産物ではないと考える。根源的意味が認識的意味へと拡張されたのは、一般に内的な精神世界のことを述べるに際して外的世界の言語を用いているからに他ならず、内的世界が外的世界によってメタファー的に構造化されているのだという。我々の認識世界は社会物理世界からの写像によって理解されているので、認識世界での推論の**法性**（modality）が外的世界の強制や義務といった法性に従って構造化されているというわけである。根源的意味は、主語の行為に対して何らかの力（権力・能力など）や障害物による妨げ（義務・道徳など）が生じることによる社会物理世界における因果性を表わしているが、その意味が、話し手の認識世界での前提から結論への推論として写像されて、認識的意味が生じているのである。Sweetserは、以下のように、現実世界領域の意味 (a) と認識世界領域の意味 (b) を対照して解説

している。

>   (47) a. John may go.（ジョンは行ってもいい。）
>   ［ジョンは（私、あるいは、ほかの人の）権力によって行くことを妨げられていない。］
>   b. John may be there.（ジョンはそこにいるのかもしれない。）
>   ［私は私の前提によってジョンがそこにいると結論づけることを妨げられてはいない。］
>
>   (48) a. You must come home by ten.（お母さんの言いつけ）（あなたは10時までに帰宅しなければならない。）
>   ［（母の権力という）直接的な力があなたに10時までに帰宅するように強制する。］
>   b. You must have been home last night.（あなたは昨夜家にいたに違いない。）
>   ［入手できる（直接の）証拠が私にあなたが家にいたと結論づけるように強制する。］
>
>   (49) a. I can lift fifty pounds.（私は50ポンドを持ち上げることができる。）
>   ［潜在能力が私に50ポンド持ち上げることを可能にする。］
>   b. You can't have lifted fifty pounds.（あなたが50ポンド持ち上げたはずがない。）
>   ［前提の集合が私に、あなたが50ポンド持ち上げたと結論づけることを不可能にする。］

このように、**認識的法性**（epistemic modality）は**根源的法性**（root modality）の概念をメタファーによって認識世界に当てはめたもので、そのように意味変化が生じたという分析は、言語表現は一般に**内容領域**（content domain）・**認識領域**（epistemic domain）・**言語行為領域**

(speech act domain) という3つの領域のどこかで解釈されるというSweetserの認知言語学的枠組みと合致している。この枠組みは意味変化のみならず、多義性やあいまい性も説明できる統一的なスケールの大きな認知意味論として展開されている。

参考文献（＊は推薦図書を示す）

＊Chierchia, Gennaro and Sally McConnell-Ginet（1990）*Meaning and Grammar: An Introduction to Semantics*. MIT Press, Cambridge, Mass.

Berlin, Brent and Paul Kay（1969）*Basic Color Terms: Their Universality and Evolution*. Princeton University Press, Princeton, N.J.

Fillmore, Charles J.（1975）"An Alternative to Checklist Theories of Meaning," *Papers from the First Meeting, Berkeley Linguistics Society*, 123-131, Berkeley Linguistics Society, University of California, Berkeley, Ca.

Frege, Gottlob（1892）"Über Sinn und Bedeutung," *Zeitschrift für Philosohie und philosophische Kritik*, C. 22-50.（土屋俊（訳）「意義と意味について」、『フレーゲ著作集4：哲学論集』、71-102, 勁草書房、1999）

Givón, Talmy（1993）*English Grammar: A Function-Based Introduction, Volume I*. John Benjamins, Amsterdam.

Jackendoff, Ray（1983）*Semantics and Cognition*. MIT Press, Cambridge, Mass.

＊Jackendoff, Ray（1990）*Semantic Structures*. MIT Press, Cambridge, Mass.

＊Lakoff, George and Mark Johnson（1980）*Metaphors We Live By*.＊ University of Chicago Press.（渡部昇一・楠瀬淳三・下谷和幸（訳）『レトリックと人生』、大修館書店、1986）

＊Löbner, Sebastian（2002）*Understanding Semantics*. Arnold, London.

Rosch, Eleanor（1973）"On the Internal Structure of Perceptual and Semantic Categories." *Cognitive Development and the Acquisition of Language*. ed. by Timothy E. Moore, 111-144, Academic Press, New York.

Rosch, Eleanor and Carolyn B. Mervis（1975）"Family Resemblances: Studies in the Internal Structure of Categories." *Cognitive Psychology*, 7, 573-605.

Saussure, Ferdinand de（1916）*Cours de Linguistique Générale*, ed. by Charles Bally and Albert Sechehaye. Payot, Paris.（小林英夫（訳）『一般言語学講

義』、岩波書店、1922。 Wade Baskin（英語訳）*Course on General Linguistics*. McGraw-Hill, New York, 1959)

* Sweetser, Eve E.（1990）*From Etymology to Pragmatics: Metaphorical and Cultural Aspects of Semantic Structure*. Cambridge University Press.（澤田治美（訳）『認知意味論の展開：語源学から語用論まで』、研究社出版、2000）

Tarski, Alfred（1944）"The Semantic Conception of Truth and the Foundations of Semantics." *Philosophical Phenomenological Research* 4, 341-376.（飯田隆（訳）「真理の意味論的観点と意味論の基礎」、坂本百大（編）『現代哲学基本論文集Ⅱ』、51-120、1987）

Wittgenstein, Ludwig（1953）*Philosophical Investigations*. Blackwell, London.（藤本隆志（訳）「哲学探究」、山本信・大森荘蔵（編）『ウィトゲンシュタイン全集8』、1-462、大修館書店、1976）

第5章　語用論

　前章で、語用論は言語表現と言語表現が指し示すものと言語表現を用いる人間との間の三角関係を扱う分野であると紹介した。このような記号論に基づく3区分と、そもそも、「語用論」という学問分野を示す用語が出来たのは、1930年代のことである。意味論とは異なった分野として言語学において注目されるようになったのは、1960年代からであり、ここでも初めは哲学者からの意味研究がきっかけとなった。現在、語用論には、**発話行為論**（speech act theory）、**会話仮説理論**（conversational hypothesis theory）、**ポライトネスの理論**（politeness theory）、**関連性理論**（relevance theory）という4つの理論があると言われている。これら4つの理論を概観していく。

1. 発話行為理論

　20世紀を代表する言語哲学者の一人Ludwig Wittgensteinは前章の形式意味論の発展に大きな役割を果たしたWittgenstein（1921）を著しにもかかわらず、その後、同著で示した考えを自ら全面否定し、言葉の意味性をその使用に求める**言語ゲーム**（language game）論を展開した。「語の意味とは、全てではないが多くの場合、言語におけるその使用であると説明できる。」（Wittgenstein（1953：第1部43節））というのである。このような考えは彼の生存中はケンブリッジ大学の関係者の間でしか知られていなかったが、同じ時代に、オクスフォード大学の哲学者John L. Austinも「発話状況全体の中での言語行為全体が解明されなければならない問題なのだ」という**日常言語哲学**（ordinary language philosophy）を展開していた。Austin（1962）は、哲学者たちが過去余りにも長い間、**陳述文**（statement）の役割を何らかの事態（state of affairs）を記述する（describe）ないし何らかの事

実 (fact) を陳述する (state) こと以外にはあり得ないと考え、しかも、この役割を真であるか偽であるかのいずれかの形で果たすべきあるという想定を持ち続けてきたことに不満を感じていた。さらに、一見、陳述であるように見える発話の多くが、実は、必ずしも事実を記述、伝達する発話とは限らないということに気づいた。例えば、

(1) I will. (誓います。) ——英国国教会の結婚式の進行で言われた場合 [神父の "Wilt thou have this woman to thy wedded wife…and, forsaking all other, keep thee only unto her, so long as ye both shall live?" (汝はこの女性を妻とし…二人の命ある限り、他の女性を顧みることなく、この女性に忠実であることを誓うか。) に対する答え。]

(2) I name this ship the Queen Elizabeth. (この船をエリザベス女王号と命名する。) ——進水式で船首に瓶をたたきつけて言われた場合

(3) I give and bequeath my watch to my brother. (私の時計を弟に与え遺贈する。) ——遺言状の中に記された場合

(4) I bet you six pence it will rain tomorrow. (明日雨が降る方に6ペンス賭ける。) ——2人の間での会話

というような発話は、話者が自分の行為を記述しているわけではなく、話者がその行為を行っていると陳述しているわけでもない。その文を口に出して言うことが、とりもなおさず、その行為を行うことになっているのである。(1) は誓い、(2) は命名、(3) は遺言、(4) は賭けという発話行為を行っているのである。このような発話を**行為遂行的発話** (performative utterance)、その文を**行為遂行文** (performative sentence) と呼んだ。行為遂行的発話が成立するためには、その文が真か偽かではなく、発話する時に行う行為が無効 (void) であるとか、不誠実 (insincere) になされたとか、十分に行われていない (not implemented) といったことが問題になる。このような発話行為を成立

させる条件をAustinは**適切性の条件**(felicity conditions)と呼び真理条件と明確に区別した。これに対して、何らかの事態を記述する、あるいは、何らかの事実を陳述する陳述文を**事実記載文**(constative sentence)、その文の発話を**事実記載的発話**(constative utterance)と呼んだ。この意味は基本的に真理条件によって捉えられる。

ところが、Austinはやがて事実記載的発話のように見えても実際には行為遂行的発話と解釈することができる発話があることに気づいた。例えば、

(5) I'll take the dog for a walk.

という発話は、事実記載文とみなして、話者が犬を散歩に連れて行くことを単に述べている文と解釈できると同時に、犬をつれて散歩に行く約束という発話行為をしていると解釈することも出来るのである。このような考察からAustinは、何であれ、何かを言うことは同時に何かを行っているのだと発話を捉えなおして、自分の発話行為理論を全ての発話には次のような3つの側面があるのだという理論へと発展させた。

(6) あらゆる発話には次のような構成部分がある。
    1. 発語行為
       (i) 音声行為
       (ii) 用語行為
       (iii) 意味行為
    2. 発語内行為
    3. 発語媒介行為

発語行為(locutionary act)というのは、何かを言うという行為で、これはさらに、(i) ある一定の音を発するという音声行為(phonetic act)、(ii) ある一定の単語群を発するという用語行為(phatic act)、(iii) ある一定の意味を発するという意味行為(rhetic act)に分けられるとし

ている。ここで、意味論・語用論の観点から重要なことは発語行為によって、**真理条件的意味**（truth-conditional meaning）が表されているということである。次に、**発語内行為**（illocutionary act）というのは、「何かを言いつつ何かを行っている」（In saying something we do something）という時の「行っている何か」のことである。具体的には

  （7）promising（約束する）、informing（知らせる）、ordering（命令する）、warning（警告する）、undertaking（引き受ける）など

といった行為で、行為が成立することによって、話し手あるいは聞き手は将来何かをする、あるいは、してはならないという社会的な拘束力が生じる。これは、**発語内的力**（illocutionary force）と呼ばれ、発語内行為とはこのような力を持っている行為なのである。最後の**発語媒介行為**（perlocutionary act）というのは、「何かをすることによって何かを行っていた」（By doing something I was doing something）の「行っていた何か」の行為のことを指しており、行為の成立によって結果的に聞き手に対して与える何らかの効果が生じている行為なのである。具体的には

  （8）convincing（分からせる）、persuading（説得する）、deterring（思いとどまらせる）、surprising（驚かす）、misleading（誤った方向に導く）など

といった行為で、いずれも、何かを行った後の効果が生じる意味を持っている行為である。上記（6）の3種類の行為は、行為という用語を使っているが、1つの発話行為に含まれる構成要素であるという点に注意が必要である。

 Austinの発話行為研究はSearle（1969）によって引き継がれ、発語内行為の適切性の条件の研究を中心に更に精緻なものとなっていったが、それによって明らかにされた文の意味の重要な語用論的側面の1

つが**間接的発話行為** (indirect speech act) である。よく知られているように、言語表現には文字通りの発語内行為とは違った発語内的力を持ったものがある。例えば、(9) の文はどちらも表面的には質問するという発話行為をおこなっているが、要請するという発話行為をおこなっていると解釈される場合が普通である。

(9) a. Can you pass the salt?
　　 b. Will you please wash the car?

このように他の発話行為によって遂行される発話行為が間接的発話行為と呼ばれた。どのような文がその文字通りの意味論的解釈によってどのような発話行為に用いられるか、さらに、その同じ文がどのような状況でどのような間接的発話行為に用いられると語用論的に解釈されるのかは、複雑な現象である。このことは、例えば次の Levinson (1983) の例に見られるように、同じ依頼という発話行為であっても実に多様な文が使われ得ることからもわかる。

(10) a. I want you to close the door.
　　　b. I'd be much obliged if you'd close the door.
　　　c. Can you close the door?
　　　d. Are you able by any chance to close the door?
　　　d. Would you close the door?
　　　e. Won't you close the door?
　　　f. Would you mind closing the door?
　　　g. Would you be willing to close the door?
　　　h. You ought to close the door.
　　　i. It might help to close the door.
　　　j. Hadn't you better close the door?
　　　k. May I ask you to close the door?
　　　l. Would you mind awfully if I was to ask you to close the door?

m. I am sorry to have to tell you please close the door.
n. Did you forget the door?
o. Do us a favour with the door, love.
p. How about a bit less breeze?
q. Now Johnny, what do big people do when they come in?
r. Okay, Johnny, what am I going to say next?

　間接的発話行為は、紹介する紙幅はないが、生成意味論派の生成文法家を中心に多様な研究がなされた。このことに見られるように、発話行為研究は初めて語用論の理論を立ち上げ発展させたことで、当時の生成文法統語論に大きな影響を与えた。また、従来は意味の問題とされていた言語現象の分析に一層の深みを与えたと言える。しかし、発話行為意味論は真理条件的意味では扱えない意味の一部を意味論の中から取り出し、それを行為と結びつけて論じたものに過ぎず、コミュニケーションにおける言語表現の解釈の多様性と不確定性に気づきはじめたものでしかないと言える。結局、コミュニケーションにおいて推論が極めて重要な役割を果たしているのだという認識は、Griceの研究に待たねばならなかった。

2. 会話仮説理論

　Austinら日常言語学派の研究は、もともとTarski (1944) らの真理条件意味論に対する批判として現れたという側面を持ったものであった。このような日常言語学派の中から現れ、真理条件意味論と語用論との調和を図るべく、会話の一般的理論を立てようとしたのがGrice (1967, 1975) である。日常言語学派が、"～"、"∧"、"∨"、"⊃"、"∀"、"∃"などの論理記号と一見それに対応する自然言語表現であるnot、and、or、if...then...、all、someなどの間には、当然、意味の相違があると考えてきたのに対して、Griceは、そもそも自然言語と

形式言語に意味の相違が存在すると考えてきた仮定が間違っていたのだと考えた。さらに、その間違いは、会話を支配している条件の性質と重要性に十分注意を払っていなかったためであると考えた。つまり、Griceは、形式論理学の言語に対して与えられる意味論が自然言語の意味論の中核にあり、それ以外の意味は、何らかの含意によるものであり、それがはっきり分からないのは会話を成り立たせている一般的な条件などがまだ分からないからだと考えた。例えば、"∧"という論理結合子（logical connective）を表しているような自然言語の単語andは、その単語としての意味は、論理結合子"∧"の意味だけであり、それは下記（11）の対称的andとなって現れるが、（12）、（13）のような時間的and、結果的andなど様々なandの意味は**非真理条件的意味**（non-truth-conditional meaning）によるものであるとするのである。

(11) 対称的and
 a. Raf drank whiskey and Ken drank water.
 b. Ken drank water and Raf drank whiskey.
(12) 時間的and
 a. Raf drank whiskey and he fell down.
 b. Raf fell down and he drank whiskey.
(13) 結果的and
 a. Brian fell over and broke his leg.
 b. Brian broke his leg and fell over.

（11）においてはa.とb.の2つの文は同じ命題を表している。つまり真理条件は同じで、この場合意識されるような非真理条件的意味は感じられない。しかし、（12）ではa.とb.の文は「ウイスキーを飲んでから倒れた」という意味と「倒れてから飲んだ」という意味の違いがあり、この違いは、andにはその左右の被接続要素間に左から右へという時間的順序関係があることを示す意味があることを示している。

また、(13) では「倒れた結果、足を折った」という意味と「足を折った結果、倒れた」という意味の違いがあり、この違いは、andにはその左の被接続要素を原因、右の被接続要素を結果とする意味があることを示している。Griceはandのこれらの非真理条件的意味をandの意味論ではなく、実際に様々な文脈において使われる際に生じてくるandの語用論に起因するものであると考えたのである。つまり、Griceは

 (14) 真理条件的意味＋語用論的意味＝実際の文脈での意味

というシンプルな意味論・語用論像を抱いて彼の会話仮説理論を立てようとした。例えば、(12) (13) の「時間的・結果的」な意味は**会話の含意**（conversational implicature）として生じたものであって、もともとandの語彙としての意味にあったわけではないと考えるのである。では、この含意というのはどこからどのように生じるのであろうか。Grice (1967, 1975) は、会話には話し手と聞き手の間に暗黙のうちに下記のような**協調の原則**（Cooperative Principle）が働いていて、含意はこの原則が守られ、あるいは、(多くの場合には) 破られることによって生じてくるものであるという理論を立てた。

 (15) 協調の原則
   会話のそれぞれの段階で、自分が参加している会話のやりとりが目指している目的・方向によって必要とされるような貢献をしなさい。

この原則は、破ろうと思えば破ることもできるが、普通どんな会話であっても無意識のうちに参加者が守っているマナーのようなものである。あえて破ろうとする場合は、例えば、敵の尋問を受けている時や何らかのゲームをしている時などであるという。Griceはこの原則をさらに次の4つの**公理**（maxim）に具体化している。

(16) 質の公理（The Maxim of Quality）
　　　会話に対する自分の貢献を真実であるものにすること、特に
　　　i. 偽と信じていることを言わないこと
　　　ii. 十分な証拠の無いことを言わないこと
(17) 量の公理（The Maxim of Quantity）
　　　i. 会話のやりとりで当面の目的となっていることに必要とされるだけの情報を提供するように心がけること
　　　ii. 必要以上に多くの情報を提供しないこと
(18) 関連性の公理（The Maxim of Relevance）
　　　自分の貢献を関連性のあるものにすること
(19) 様態の公理（The Maxim of Manner）
　　　はっきりと明確に言うこと、特に、
　　　i. 不明瞭な表現を避けること
　　　ii. あいまいさ（二義性・多義性）を避けること
　　　iii. 短く言うこと（余計な言葉を使わないこと）
　　　iv. 順序よく言うこと

Griceはこれら以外にも例えば「礼儀正しくしなさい」のような公理があるかもしれないが、最大限に効果的な情報交換という目的に合致した談話の公理として上記のものを考えたとしている。これらの公理には、遵守義務が厳しいものもあれば、さほど厳しくもないものもあるとしている。また(16i)の公理は他の公理に先んじて成立しているもので、一番重要な公理としている。また、人間がこのような決まりを守って話をしていると考える根拠は何かと言えば、それは経験的事実で、誰しも子供の頃このような公理を守る経験をしていて、その習慣を忘れないのだという。別の言い方をすれば、もしも人々が(16i)の公理を守らないとすれば、子供は言語習得が出来ないであろうとも言われている。

では、これらの公理が守られたり破られたりしながら、会話参加者が話し相手の意図について仮説を立てながら会話をしていて、その過程で会話の含意が生じている例をいくつか見てみる。先の (12) (13) は、(19iv) の順序よく話すという公理を守っているが故に「時間的・結果的」な and の含意が生じていることがすぐわかる。さらに以下の例では含意を→《 》で示す。

(20) A: I am out of petrol.（ガソリンが切れた。）
B: There is a garage round the corner.（角を曲がったところにガソリンスタンドがあるよ。）
→《Aは角を曲がったところのガソリンスタンドでガソリンを入れられる。》

この場合、もしもBがガソリンスタンドが営業中でガソリンが給油できると考えてないのに言ったとしたら、(18) の関連性の公理を破ったことになるが、そうでない限り、《Aは角を曲がったところのガソリンスタンドでガソリンを入れられる。》ということを含意していると考えられる。

(21) [AはBと一緒にフランスで休暇を過ごす計画を立てている。二人ともCに会いたいと思っている]
A: Where does C live?（Cはどこに住んでるの。）
B: Somewhere in the South of France.（南フランスのどこか。）
→《BはCがどの町に住んでいるか知らない》

Bの答えは、情報量が少なすぎる。つまり、(17i) の量の公理を破っている。しかしこれは、(16ii) の質の公理を破らないためになっていることで、結果として、《BはCが南フランスのどの町に住んでいるか分からない》という含意を伝えていると考えられる。

(22) ［A先生がある学生Xの推薦状を書いている場合］
Dear Sir,
Mr. X's command of English is excellent, and his attendance at tutorials has been regular.
Yours, etc.
（拝啓
X君は日本語がよくできて、私の個別指導にもきちんと出席しておりました。
　　　　　　　　　　　　　　　　　　　　敬具。等々。）
→《A先生は推薦状を書きたくない》

この場合、明らかに推薦状としては短すぎるわけで、A先生は（17i）の量の公理に故意に違反している。A先生が推薦状を書くことを承知していながら、これしか書いていないのは、《推薦状を書きたくない》ということを含意したいからだと解釈される。

(23) ［上品なお茶会で］
A: Mrs. X is an old bag.（X夫人はあばずれだ。）
　　［ぎょっとした一瞬の沈黙の後］
B: The weather has been quite delightful this summer, hasn't it?
（今年の夏は好天に恵まれましたね。）
→《Aの発言は取り合うべきでない》あるいは《Aはエチケットに反することをした》

この時、Bは自分の発言がAの言ったことと関連性を持つことを明らかに拒んでいる。これは、《Aの発言は取り合うべきでない》あるいは、《Aはエチケットに反することをした》ということを含意していると考えられる。
このような分析が示していることは、まず第一に、使用されている

語の意味という真理条件的意味だけでなく、協調の原則とその公理、発話の言語的コンテクストあるいはその他のコンテクスト、背景的知識といった語用論的要因が会話において重要な役割を果たしていること。第二に、これらの全ての項目が、話し手・聞き手双方が承知していて、双方ともそうだということを知っているということを前提として、推論によって話し相手の意図に関する仮説を立てながら相手の意図を解釈しているということである。このように、コミュニケーションには破ることもできる協調の原則とその公理、言語的のみならず非言語的コンテクスト、背景的知識といった要素が関与しており、どんな文の解釈にも**不確定性**（indeterminacy または underdeterminacy）があって、コミュニケーションはリスクをともないながらも互いに相手の意図を解釈しながら行われているものであるということが示されたのである。この点で、Grice（1967, 1975）は、画期的な語用論研究となった。言い換えると、一つの文の最終的な一つの解釈にたどり着いたとしても、常に他の解釈の可能性があることを許すようなモデルでなければ、正しい語用論のモデルとは言えないということを示している。

2.1 新グライス派

Grice（1967, 1975）の影響を受けた最も優れた研究は Horn（1972, 1989）であると言われている。これはいろいろな数量詞や**尺度的表現**（scalar expression）の間に論理的関係・前提・会話の含意・その打ち消しや棚上げの原則などについて、綿密な事実の観察と、幅広い知識と鋭い論理的思考を展開しているものである。一例として、このうち尺度的表現の**意味論的含意**（semantic entailment）と（語用論的）会話の含意を説明する。尺度的表現とは、例えば、下記の数詞（numeral）のように、同じ文法範疇に属していて量や意味の強さによって線的順序に並べることができるものである。

(24) <… 5、4、3、2、1>

いま3が問題にされているとすると、例えば下記の例文で、

(25) a. I have 3 cats.
　　 b. I have 2 cats.
　　 c. I have 1 cat.

(25a) は (25b) と (25c) を意味論的に含意する。さらに (25b) は (25c) を意味論的に含意する。つまりある数のものを持っているということは、当然それより少ない数の同じものを持っているということが意味論上妥当な含意として成立するわけである。これは (24) の尺度で

(26)　　　　┌─┬─┐
　　　　　　　│▼│▼│
　　　<… 5, 4, 3, 2, 1>

というふうに表現することが出来る。実は、同時にちょうど逆の方向に反対の含意が会話の含意として成立するのである。つまり、

(27) a. I have 3 cats.　(= (25a))
　　 b. I don't have 4 cats.
　　 c. I don't have 5 cats.
　　 d. I have { at most / no more than } 3 cats.

(27a) は (27b) と (27c) およびそれ以上の数の猫を持っていないということを会話上含意しているのである。言い換えるなら (27d) という**尺度的含意** (scalar implicature) を持っているのである。何故ならば、もしも5匹の猫を持っているのに (27a) を発話したならば、それは (17) の量の公理に違反すことになるからである。この会話の含意を破線で表すならば、それを (26) に付け加えて次のように表現

できる。

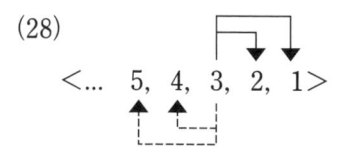

(28)
$$<... 5, 4, 3, 2, 1>$$

このことから、数量詞に関しても次のようなことが直ちに明らかとなる。Manyに関しての意味論的含意と会話の含意を示すならば、(29)のようになる。

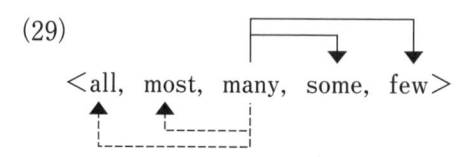

(29)
$$<\text{all, most, many, some, few}>$$

Manyではなく他の数量詞に関しても同様に右方向に意味論的含意、左方向に尺度の含意という会話の含意が成立するのである。さらに、数量詞以外の頻度・程度を表す副詞、蓋然性を表す助動詞という尺度表現についても同様のことが成り立つので、次の表のような関係が成立していることが分かる。((30)の表は今井(1985)による。)

(30)	<ALL>	<MANY>	<SOME>	<FEW>	<NO>
<量>	all	many	some	few	none
	every	much	little		
<頻度>	always	often	sometimes	seldom	never
		frequently		rarely	
<程度>	completely	greatly	kind of	barely	not at all
	entirely	highly	rather	hardly	not in the
	utterly	very much		rarely	least
<蓋然性>	must	should	may	can	cannot

なお、この表で<ALL>、<MANY>、<SOME>、<FEW>の項目の間には、(29)のような関係が成立するが、縦線の右側の<NO>の項目については、左側のものではないという尺度的含意は

成立するものの、縦線の左側の項目が＜NO＞の項目を意味論的に含意するという関係は成立しないことに注意する必要がある。

3. ポライトネスの理論

　Grice (1967, 1975) の影響を大きく受けたもう１つの語用論がポライトネス (politeness) 研究である。ポライトネスとは日本語の「丁寧さ」よりもっと幅が広く、丁寧でない場合も含めた「待遇表現」全般に関する語用論現象であるが、それだけでなくさらに、人間関係を維持するための社会的言語行動であるとも言える。言語表現のポライトネスに関する研究は、いずれも Grice (1975) の影響を受けながら、ポライトネス現象の根底にある普遍的原則の探求をその共通点としている。Lakoff (1975), Brown and Levinson (1978) など1970年代の研究から始まり、1980年代に入って Leech (1983) と Brown and Levinson (1987) が現れたが、特に Brown and Levinson (1978, 1987) は英語とタミール語 (Tamil：南インドのドラヴィダ語族の言語) とツェルタル語 (Tzeltal：メキシコのマヤ語族の言語) という何の縁戚関係もない言語のデータを利用した普遍的原則の探求を意識したもので、その後のポライトネス研究の基盤となる研究と見なされている。そこで以下ではまず Brown and Levinson (1987) を概観する。

3.1　Brown and Levinson (1987) のポライトネス理論

　Brown and Levinson (1987) は、社会学者の Goffman (1967) が導入した概念であるフェイス (face, 面子) という誰もが保ちたいと思っている自己の社会的イメージを利用して、普遍的なポライトネス理論を立てようとした。この意味のフェイスは、もともと19世紀に「面子を失う」(lose face)「面子を保つ」(save face) という中国語の表現の英語への直訳から英語に入ってきた表現で、評判 (reputation) や名誉 (good name) といった意味で理解されるかもしれないが、

Brown and Levinson（1987）は人は誰でも「人に邪魔されたくない、自由でいたい、人から何かを課されたくない」という**ネガティブ・フェイス（negative face）**と「相手によく思われたい、自分の個性を認めてもらいたい」という**ポジティブ・フェイス（positive face）**を持っているとする。通常、人間はお互いにフェイスを保ちながら社会生活を営んでいるが、多くのコミュニケーションにはフェイスを脅かす可能性がある。例えば相手に命令して何かをさせたり、忠告したり、脅迫したりすることは相手のネガティブ・フェイスを傷つけることになるし、相手を馬鹿にしたり非難したり反論したりすることは、相手のポジティブ・フェイスを傷つけることになる。また、話し手が申し出を受け入れたり、謝罪を受け入れたり、気の進まない約束を受け入れたりすることは、話し手のネガティブ・フェイスを傷つけることになるし、話し手が謝罪したり、罪や責任を告白したりすることは話し手のポジティブ・フェイスを傷つけることになる。Brown and Levinson（1987）はこのような行為を**フェイス侵害行為（Face Threatening Act: FTA）**と呼び、あるフェイス侵害行為 x が相手のフェイスを脅かす度合い（Weightiness of the FTA (x)）は、次のように３つの要素の和になるとしている。

(31) Wx＝D (S, H)＋P (H, S)＋Rx
　　　Wx：あるフェイス侵害行為 x が相手のフェイスを脅かす度合い
　　　D (S, H)：話し手（S）と聞き手（H）の社会的距離
　　　P (H, S)：聞き手の話し手に対する力（P）
　　　Rx：文化の中でのその行為が与える負担の度合い

Brown and Levinson（1987）はこのフェイスを脅かす度合いを緩和するため様々な**ポライトネス方策（politeness strategy）**をとると考える。この方策には下記のように、何の方策も行わない場合とFTAを行わない場合も含めて５つある。

(32) 方策の選択を決定する状況：

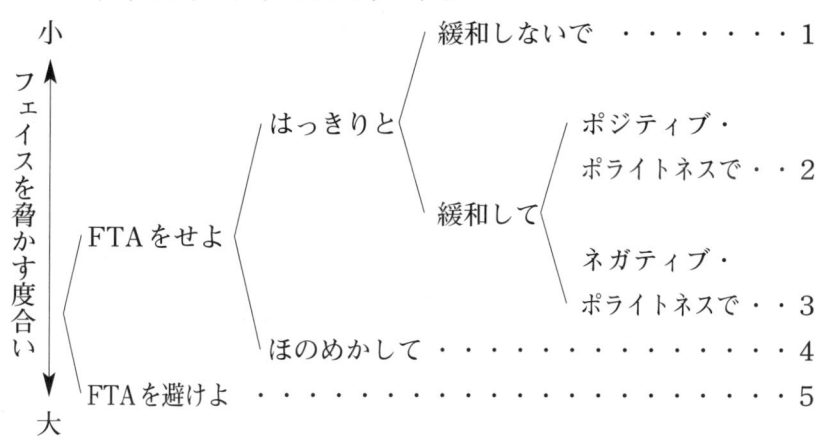

```
小
↑
フ
ェ
イ
ス        ┌ はっきりと ┬ 緩和しないで ・・・・・・・1
を  ┌FTAをせよ┤          │        ┌ポジティブ・
脅  │         │          │        │ポライトネスで・・2
か  │         │          └ 緩和して┤
す ─┤         │                    │ネガティブ・
度  │         │                    └ポライトネスで・・3
合  │         └ ほのめかして ・・・・・・・・・・・4
い  └FTAを避けよ ・・・・・・・・・・・・・・・・5
↓
大
```

　(32)の1の緩和しないでFTAを行う場合というのは、話し手の行為が聞き手のフェイスを脅かす度合いが最小で、話し手が聞き手の報復を恐れない場合、緊急事態、最大限の効率を求めることが重要な時、話し手の聞き手に対する力が非常に大きい時、聞き手にとって利益になる警告や提案や依頼といった場合である。具体的には、次のような発話で例示されるようなものである。

　(33) a. Help!
　　　 b. ［遠くから叫んで］
　　　　 Come home right now!
　　　 c. Bring me wine, Jeeves.
　　　 d. ［聞き手を脅かすかもしれない人のことを警告して］
　　　　 Careful! He's a dangerous man.

　Brown and Levinson (1987) は、(32)の他の4つの場合のうちポジティブ・ポライトネスを利用する場合について15の方策、ネガティブ・ポライトネスを利用する場合について10の方策、ほのめかす場合について15の方策を紹介している。これらの方策全てを紹介する紙幅はないので、以下それぞれの場合についていくつかの代表的方策を概

説する。方策の数字はBrown and Levinson (1987) の示す数字である。

(32) の２のポジティブ・ポライトネスを利用して緩和しながらFTAを行う場合というのは、聞き手のポジティブ・フェイスにかなう行動をとる時で、相手をほめたり、相手への関心・理解を示したり、相手の欲求や意向をくんだり、相手も自分と同じ**内集団**（**in-group**）であることを示したり、自分もそれを欲していることを示すといったことをすることで、FTAのフェイスを脅かす度合いを緩和する場合である。

(34) 方策１：聞き手に注目・注意をはらう
Goodness, you cut your hair! (...) By the way, I came to borrow some flour.

(35) 方策２：聞き手の興味・賛意・同情を強調する
What a fantástic gárden you have!

(36) 方策４：内集団であることを示す標識（marker）を使う
この標識には次の４つがある。

a. 呼びかけ語

Come here, $\begin{Bmatrix} \text{mate} \\ \text{honey} \\ \text{buddy} \end{Bmatrix}$.

b. 内集団の言語・方言を使う
［アメリカの都市内のスペイン語を話す地域社会内で］
母親の最初の呼びかけ：ven acá, ven acá.
(Come here, come here.)
母親の腹を立てた２度目の呼びかけ：Come here, you.

c. 仲間内の言葉やスラングを使う
［イギリス英語を使う者の間で］
Lend me two *quid* then, wouldja mate?
［アメリカ英語を使う者の間で］

　　　　Lend me two *bucks* then, wouldja Mac?
　　d. 縮約・省略を使う
　　　　Mind if I smoke?
(37) 方策5：合意を求める
　　これは2つに分けられる。
　　a. 安全な話題
　　　　［隣人が馬鹿でかくで環境汚染するような排気ガスを出す新車で帰宅してきた時］
　　　　Isn't your new car a beautiful colour!
　　b. 反復
　　　　A: John went to London this weekend!
　　　　B: To Lóndon!
(38) 方策6：不賛同を避ける
　　これは4つに分けられる。
　　a. 形だけの合意
　　　　A: That's where you live, Florida?
　　　　B: That's where I was born.
　　b. 疑似合意
　　　　次の例のthenやsoは先行する談話において実際に話し手と聞き手の間で合意がなされていない場合でも使われる。
　　　　I'll be seeing you then.
　　c. 悪意のない嘘
　　　　［本当は好きでもないのに］
　　　　Yes I do like your new hat!
　　d. 緩和表現を用いた意見
　　　　I really sort of $\left\{\begin{array}{l}\text{think}\\ \text{hope}\\ \text{wonder}\end{array}\right\}$ ...

(39) 方策7：共通の基盤を前提する・立てる・断定する
これは3つに分けられる。
a. うわさ話・世間話
うわさ話・世間話をすることは聞き手に対する友情や関心を持っていることの現れとなるので、その点でFTAを緩和する方策となる。
b. 視点操作
これは3つに分けられる。
i. 中心人物切り替え
［今会ったばかりで話し手のことを知りえない人に対して］
I had a really hard time learning to drive, didn't I.
これはイギリス英語の地方の方言で下降調の付加疑問節の例である。
ii. 時間切り替え
英語では過去形から現在形への切り替えがポジティブ・ポライトネスの1つの方策となる。
And Martha *says* to Bill, 'Oh Heavens', and I *says*…
iii. 場所の切り替え
Thereやthatではなくhereやthisという近距離の指示詞を使うことで関与や共感の度合いを増している。
［さよならを言いながら］
$\left\{\begin{array}{l}\text{This}\\ \text{? That}\end{array}\right\}$ was a lovely party.
c. 前提操作
本当は話し手と聞き手の間で前提されていないことを、あたかも前提されているかのごとく話す場合で、肯定の答えが返ってくることを前提として否定疑問文を使ったり、背の高さ・善悪・美醜・興味深さなどの

尺度表現を使って話し手と聞き手が同じ基準を共有していることを前提としたり、親しい者どうしでの呼びかけ語を用いることで話し手と聞き手の間の関係が親しいものであると前提したり、本当は聞き手が知らないとしても聞き手の知識を前提したりすることで、話し手は聞き手と共通点があると思っていることを伝える。

Wouldn't you like a drink?

(40) 方策8：冗談

冗談はお互いに背景的知識・価値観を共有していることで成立するのでポジティブ・ポライトネスの方策となる。

［聞き手の新車のキャデラックをさして］

How about lending me this old heap of junk?

(41) 方策10：申し出・約束

［また来るつもりはなくても］

I'll drop by sometime next week.

(42) 方策11：楽観すること

話し手が、聞き手は話し手の欲求を満たしてくれると勝手に思いこむことは、暗に、共通の関心を持っているのだから聞き手は話し手に協力する義務があると伝えていることになる。

You'll lend me your lawnmower for the weekend, $\begin{Bmatrix} \text{I hope.} \\ \text{won't you.} \\ \text{I imagine.} \end{Bmatrix}$

(43) 方策13：理由を与える・求めること

話し手が欲しいものを欲する理由を与えて聞き手を話し手の活動に含め、話し手がFTAをおこなう妥当性を理解させることでFTAを緩和する。

Why not lend me your cottage for the weekend?

次に、(32)の3のネガティブ・ポライトネスを利用することでFTAを緩和して行う場合というのは、聞き手のネガティブ・フェイスにかなう行動をとる時で、相手のなわ張りや自己決定権を侵害しないようにしたり、自尊心を傷つけないようにするといったことで、FTAのフェイスを脅かす度合いを緩和する場合である。

(44) 方策1：間接的表現を使うこと
次の例のような間接的発語行為も含めたさまざまな間接的表現が使われる。
Can you please pass the salt?

(45) 方策2：疑問文・緩和表現を使うこと
これは4つに分けられる。
a. 発語内的力に対する緩和表現
これには次の2つがある。
i. 不変化詞に符号化された緩和表現
日本語の「〜ね」は、発話行為の適切性の条件の一部を一時留保するという働きをすることで緩和効果をもたらしているとされ、同じことは、英語の場合には、付加疑問やI wonderのような表現によって行われている。
It was amazing, wasn't it!
I wonder if (you know whether) John went out.
ii. 副詞節による緩和表現
下記のようなif節を代表として、発話行為の適切性の条件の一部を一時留保するという働きをすることによって緩和効果をもたらす副詞節がたくさんある。

Close the window $\begin{cases} \text{if you can.} \\ \text{if it closes.} \\ \text{if it isn't already closed.} \\ \text{if you want.} \end{cases}$

b. Griceの公理に対する緩和表現

話し手がFTAを行っても、自分は出しゃばった行動は避けたいと思っているという気持ちを伝えることで聞き手のフェイスを脅かす度合いを緩和できる。そこで、Griceの公理に対する緩和表現を用いて、話し手は4つの公理が守られていることを強調したり、あるいは、守られていないことを警告したり、守られているかどうか疑問視したりすることによって、自分は出しゃばっているわけでないということを聞き手に伝えている。以下4つの公理それぞれについての緩和表現を見ていく。

i. 質の公理緩和表現

話し手が自分の発話の真理性について100％の責任がないことを示す表現

I $\begin{cases} \text{think…} \\ \text{believe…} \\ \text{assume…} \end{cases}$

話し手が自分の発話の真理性について強調する表現

I absolutely $\begin{cases} \text{deny} \\ \text{promise} \\ \text{assume} \end{cases}$ that…

話し手が自分の断定したいことが聞き手に向けられているわけではないことを示す表現

As you (and I both) know…

As is well known…

ii. 量の公理緩和表現
期待されるほど十分または正確な情報が与えられているわけではないことを示す表現
roughly/more or less/approximately/give or take a few/or so/etc.

iii. 関連性の公理緩和表現
話題の変更は聞き手のフェイスに対する負荷になるので、部分的におわびしながら話題を変更する緩和表現がある。

This may not be $\begin{bmatrix} \text{relevant,} \\ \text{appropriate,} \\ \text{timely,} \end{bmatrix}$ but...

iv. 様態の公理緩和表現

if you see what $\begin{bmatrix} \text{I'm getting at.} \\ \text{I'm driving at.} \\ \text{I mean.} \end{bmatrix}$

c. ポライトネス方策に対する緩和表現
Griceの公理に対する緩和表現からの派生とも言える緩和表現で、フェイスの侵害を伝える働きをしている表現
frankly/to be honest/I must say/I hate to have to say this, but.../etc.

d. 韻律・動作による緩和表現
言葉による緩和表現の大半は韻律や動作によっても示される。眉を上げたり眉をひそめたり、ummやahhのような言いよどみはFTAが行われることを示す手がかりになっている。

(46) 方策3：悲観的になること
話し手の発話行為の適切性の条件が成立していないので

はないかとはっきりと疑うことによって、聞き手のネガティブ・フェイスを保つ方策で、次の例での間接的依頼表現や以下の仮定法を用いた表現などがある。

You couldn't $\begin{Bmatrix} \text{possibly} \\ \text{by any chance} \end{Bmatrix}$ lend me your lawnmower.

$\begin{Bmatrix} \text{Could} \\ \text{Would} \\ \text{Might} \end{Bmatrix}$ you do X?

(47) 方策4：負荷・Rxを最小限にすること

(31)のFTAの聞き手のフェイスを脅かす度合いの中で、DとPはそのままにしておいて、Rxが大したことではないと伝える方策で、下記のようなjustの使用が典型である。

I *just* want to ask you if $\begin{Bmatrix} \text{I can borrow} \\ \text{you could lend me} \end{Bmatrix}$ a $\begin{Bmatrix} \text{tiny bit of} \\ \text{little} \\ \text{single sheet of} \end{Bmatrix}$ paper.

(48) 方策5：敬意を与えること

聞き手が話し手より社会的に高い地位にいて(31)のPにはっきりした違いがあることを伝え、聞き手が負荷されることから免れる権利があることを示すことでFTAを和らげる方策で、次の例のsirやmadamやladyなどの使用が典型である。これらはかつては社会的にそれなりの人々に対して用いられるものだと思われていたが、Brown and Levinson (1987) のデータからは、聞き手にとってリスクがないことを示すことによってFTAを和らげるための方策として使われるのが典型的である。Sirはイギリス英語でもアメリカ英語でも話し手がFTAを行っている場合に使われるのが適切である。

[きちんとした身なりの2人の男性の旅客同士の会話]
A: Did you move my luggage?
B: Yes, sir, I thought perhaps you wouldn't mind and…

ちなみに、下記の例のように、話し手がFTAを行っているわけではないのにsirを用いるのは、通常、適切な使用ではないことに注意する必要がある。

A: Would you $\begin{Bmatrix} \text{like} \\ \text{care for} \end{Bmatrix}$ a sandwich?

B: ? $\begin{Bmatrix} \text{Yes,} \\ \text{Thank you,} \end{Bmatrix}$ sir.

Cf. (Oh) (yes) $\begin{Bmatrix} \text{please.} \\ \text{thank you.} \end{Bmatrix}$

(49) 方策6：謝罪すること

謝罪することによって話し手は聞き手のネガティブ・フェイスに負荷をかけたくない気持ちを伝えてその負荷を部分的に緩和する。この方策は少なくとも以下の4つに分けられる。

a. 負荷をかけることを認めること
    I'm sure you must be very busy, but…
b. 話し手にとって不本意なことであると知らせること
    I normally wouldn't ask you this, but…
c. どうしようもない理由があることを伝えること
    I can think of nobody else who could…
d. 許しを請うこと
    Excuse me, but…

(50) 方策7：話し手・聞き手を人称化しないこと

話し手が聞き手に負荷をかけたくないことを示す方法の1つとして、FTAの行為者が話し手以外の者であるか、

少なくとも話し手一人ではなく、相手が聞き手以外の者か、少なくとも聞き手一人ではないような言い方をすることである。この方策が用いられるのは以下のように様々な場合がある。
a. 遂行節の省略
次の例のように、遂行節は省略されるのが普通である。
(I ask you to) Do this for me.
b. 命令文
次の例のように、命令文ではyouが省略されるのが普通で、youがあれば過度に無礼になる。
(You) Take that out!
c. 非人称動詞
与格行為者は省略される場合が多い。
It would be desirable (for me)…
d. 不定代名詞によるI・youの置き換え
One shouldn't do things like that.
e. 代名詞you・Iの複数化
多くの言語において、二人称複数代名詞が単数の聞き手を指す場合敬称として使われている。また次の例のようにweが話し手一人だけではないことを示すのに使われている。
We feel obliged to warn you…
f. 呼びかけ形式としてyouを避けること
Excuse me, { sir. / miss. }
この例でsirやmissの代わりにyouを使うと無礼になる。
g. 指示語としてのIを避けること
王様の英語では自分のことを次のように言う場合もある。
His Majesty is nót amused.

h. 視点引き離し

話し手を聞き手あるいはFTAから離す視点操作によって、ネガティブ・フェイスを保ちながらFTAを行えるようになる。以下の例では、現在完了形より過去形、過去形のなかでもi.よりii.、ii.よりiii.の方が引き離しが大きくより丁寧であるとされている。

i. I {have been / was} wondering whether you could do me a little favour.

ii. I {wondered whether / felt / hoped / thought} I might ask you…

iii. I did wonder whether you might…

(51) 方策8：一般的な規則としてFTAを述べること

話し手と聞き手をFTAの特定の負荷から切り離して、話し手は負荷をかけたいと思っていないのだが状況によってやむをえず行っているということを伝える方法として、一般的な社会の規則・義務としてFTAを述べるという方策である。一般的規則は、以下の例のように、b.の代名詞を用いる表現ではなく、a.の代名詞を避ける表現が使われている。

a. Passengers will please refrain from flushing toilets on the train.

b. You will please refrain from flushing toilets on the train.

(52) 方策9：名詞化すること

ネガティブ・ポライトネスは形式張っていること（formality）によっても伝えられるが、これらはRoss (1973) の言う名詞性（nouniness）と平行関係にあり、定形動詞による表現より形容詞による表現、形容詞によ

る表現より名詞による表現の方が形式張っていて、聞き手のフェイスを脅かす危険が少ない。

 a. We regret that we cannot…
 b. It is $\begin{Bmatrix} \text{regretted} \\ \text{regrettable} \end{Bmatrix}$ that we cannot…
 c. It is our regret that we cannot…

続いて、(32)の4、すなわち、ほのめかしながらFTAを行う場合というのは、行為者が特定の意図に縛られることのないように配慮して、直接はっきりは言わず、それとなくほのめかすというもので、その発話の解釈は聞き手に強く依存するので、フェイスを脅かす度合いを最小限にとどめてFTAを行う場合である。

(53) 方策1：ヒントを与えること
 話し手が関連性の公理を破って、明示的には関連性のないことを言うことで聞き手に可能な関連性のある解釈を探させる方策である。以下に発話と括弧内にその発話の会話の含意をあげる。
 a. It's cold here. (Shut the window.)
 b. I need some more nails to finish up this rabbit hutch. (Buy me some when you go to town.)
 c. This soup's a bit bland.　(Pass the salt.)

(54) 方策2：連想される手がかりを与えること
 話し手と聞き手の今までの経験や共有している知識によって含意が与えられることがある。例えば次の例は、もしも話し手と聞き手の間で、話し手の頭痛と頭痛をとるため水泳をしたいので聞き手の水着を借りたいという欲求とに関係があることを互いに知っている場合なら、聞き手の水着を貸して欲しいという依頼を伝えていると解釈できる。

Oh God, I've got a headache again.

(55) 方策4：控えめに言うこと

尺度的表現を利用し、実際に伝える点より低いある点を選ぶことによって実際に伝える点を会話の含意として伝える方法である。以下に発話と括弧内にその発話の尺度的表現による会話の含意をあげる。

 a. A: What do you think of Harry?
   B: Nothing wrong with him. (I don't think he's very good.)

 b. A: How do you like Josephine's new hair?
   B: It's ⎧ all right ⎫
      ⎨ pretty nice. ⎬ (I don't particularly like it.)
      ⎩ OK. ⎭

(56) 方策5：大げさに言うこと

必要以上に大きく言うことは量の公理を破ることになり、それによって含意が生じる。ただし、この場合の含意は尺度的表現の会話の含意と違って、言われたことよりはるかに遠くの含意を生じることが多い。例えば次のa.の例は遅れて来たことの言い訳、b.の例は連絡を取らなかったことの言い訳と解釈できる。

 a. There were a míllion people in the Co-op tonight!

 b. I tried to call a húndred times, but there was never any answer.

(57) 方策6：同語反復表現を使うこと

同語反復表現を発話することも量の公理を破ることになるが、それは聞き手にそこから有益な解釈を引き出させることになる。その解釈は言い訳であったり批判であったり多様である。

 a. War is war.

 b. Boys will be boys.

  c. Yóur clothes belong where yóur clothes belong, mý clothes belong where mý clothes belong. Look upstairs!

(58) 方策7：矛盾表現を使うこと

「偽と信じていることを言わないこと」という質の公理は最も基本的なものなので、これを破った場合、聞き手は話し手が文字通りの真実を言っているはずがないと考え、何らかの解釈を探すことになる。以下の方策7の矛盾表現を使うこと、方策8の皮肉を言うこと、方策9のメタファーを使うこと、方策10の修辞疑問文を使うことは、いずれも質の公理を破った場合に聞き手に解釈を探させる方策である。次の矛盾表現の例は、電話をかけてきた人に酔っぱらった友人のことを述べているものである。

 Well, John is here and he isn't here.

(59) 方策8：皮肉を言うこと

皮肉は意図したことと反対のことが表現されているが、皮肉として成立するには意図した意味が間接的に伝えられていることを示す手がかりが必要である。手がかりは韻律によるもの（鼻音になるなど）、動作によるもの（作り笑いなど）のほか、単に文脈による場合もある。

 a. ［ジョンが続けて20回も馬鹿なことをした後で］
  John's a real genius.
 b. ［スラム街で］
  Lovely neighbourhood, eh?
 c. ［暴風雨でずぶぬれの郵便配達人に向かって］
  Beautiful weather, isn't it!

(60) 方策9：メタファーを使うこと

次の例では、括弧内の解釈のうちのどれかがほのめかされている解釈であると考えられる。

a. Harry's a real fish. (He $\begin{Bmatrix} \text{drinks} \\ \text{swims} \\ \text{is slimy} \\ \text{is cold-blooded} \end{Bmatrix}$ like a fish.)

(61) 方策10：修辞疑問文を使うこと

返答が意図されていない疑問文である修辞疑問文も、会話の含意を生じさせることで聞き手に解釈を探させる方策になっている。括弧内が会話の含意である。

a. How was I to know…? (I wasn't.)

b. How many times do I have to tell you…? (Too many.)

(62) 方策11：二義的な表現を使うこと

様態の公理を破って話し手の伝える意図を中途半端なものにすることで、聞き手に最終的な解釈をゆだねる方策である。次の例では、sharpやsmoothのニュアンスによってほめ言葉とも侮辱とも解釈される。

a. John's a pretty $\begin{Bmatrix} \text{sharp} \\ \text{smooth} \end{Bmatrix}$ cookie.

(63) 方策13：過度の一般化

規則のように過度に一般的なことを言うことによって、言われた規則によるFTAが具体的に誰を対象としているのかをほのめかす方策である。例えば次の例で、聞き手が草刈りをしなければならないかは聞き手自身の判断にゆだねられる。

The lawn has got to be mown.

最後に、(32)の5のFTAを避ける場合というのは、話し手の行動がフェイスを脅かす可能性が非常に高いので、あえてそのような行動をおこなわない場合である。

このようなBrown and Levinson (1986) によるポライトネス理論は、内集団であることを示す標識を使う、冗談を言う、Griceの公理に対す

る緩和表現を使うなど、従来ポライトネスであるとは考えられなかったものもポライトネスの方策と捉えたことで、ポライトネス研究を「丁寧な言葉使い」から「円滑なコミュニケーションのための言葉使い」へと発展させたと言える。これによって丁寧な言葉使いなのに不愉快に感じたり、丁寧でないのに心地よく感じたりするのはなぜか、という疑問にも答えられるようになったのである。むろん、問題がないわけではないし、特に合計で40に上る方策はもう少し整理し直す必要があると思われるが、ポライトネスの原理的説明として、その後の研究の土台となり、今でも最も説得力のあるモデルとなっていると言える。

3.2 Brown and Levinson（1987）に対する批判と Ide（1989）

Brown and Levinson（1987）の研究は大きな影響を与えたが多くの批判もなされた。それらの批判の一つは、やはり、彼らのモデルは人間は自主的であるから選択の余地を与えることが丁寧なのだという西洋的丁寧さの考え方が根底にあって、どうしても文化的に偏ったモデルになっているということである。もう一つは、このこととも関係して、意図的な方策という考え方に偏っているということである。実は、丁寧さには社会的・文化的な慣習・規範に行動を一致させるという側面があると考えられ、実際、日本語など大きな体系をなしている敬語表現が存在する言語ではこの側面によるポライトネスが無視しえないのである。このような観点から Brown and Levinson（1987）に欠けている点を補うべく、より射程の広い理論を提起した日本人による研究が井出・荻野・川崎・生田（1986）、井出（1987）、Ide（1989）などの一連の研究である。

井出はポライトネスは、Brown and Levinson（1987）のように、相手にメッセージを好意的に受け取ってもらうために話し手が意図的に使う方策として具現化するものの他に、言語共同体で期待されている規範に従って、コンテクストに応じて選択される言語表現もあるとしている。後者の典型が日本語の敬語である。日本語の敬語使用は、話

し手の意図的な使用ではなく場面に応じた適切な表現の選択の結果であり、その選択の幅は狭いものなのであるとしている。井出は、そのような社会的慣習による敬語の使用は、日本語で言う「**わきまえ**」(**discernment**) という言語行動の側面であるという。話し手が自分が置かれている立場を認められたいという欲求が、「わきまえ」による行動の動機付けになっているとする。一方、Brown and Levinson (1987) のポライトネス理論は、「**働きかけ**」(**volition**) による方策によってなされる言語使用の側面であるとしている。しかし、日本語にも「働きかけ」による敬語使用があり、英語にも「わきまえ」によるポライトネスがあるという。このような考察から井出は、両者の側面を取り込んだより包括的な人間行動説明の枠組みとして、下記のような、AustinやSearleの影響を受けたHabermas (1981) による知見によって修正されたWeber (1922) の社会的行為区分を利用している。

(64)

DEGREE OF RATIONALITY \ MODE OF ACTION	STRATEGIC (oriented to success)	COMMUNICATIVE (oriented to understanding)
RATIONAL	*VOLITION* ①instrumental-rational (interest)	②value-rational (value)
NON-RATIONAL	③affective (drive/feeling)	*DISCERNMENT* ④traditional (convention)

ここで、①の行為はもともとWeber (1922) が**目的合理的行為**と呼んでいたもので、外界の事物や人間の行動についてある予想を抱いて、この予想を、結果として合理的に追求され考慮される自分の目的のために条件や手段として利用するような行為である。②の行為は**価値合理的行為**で、倫理的、美的、宗教的、その他の独自の絶対的価値そのものへの、結果を度外視した、意識的な信仰による行為である。③の行為は**感情的行為**で、直接の感情や気分による行為である。④は**伝統的行為**で、目的を意識することさえしない、身に付いた習慣的行為で

ある。したがって、Brown and Levinson（1987）のポライトネス理論は「働きかけ」という目的合理的行為のみしか扱っていなかったわけで、場面での「わきまえ」に基づく日本語の敬語などは、目的合理的行為ではなく、伝統的な習慣的な行為として分類されるべきであるというわけである。どんな言語理論であっても、その理論を立てる人の母語による理論的視界の偏向は避けられない。普遍性を志向する理論であるならば、全く異なった言語はもとより、様々な言語からの研究が必要とされる。それによって立てられた理論がどれほど有益であるかは、もちろん経験的な問題であって、不断の検証が必要とされるのである。

4. 関連性理論

　Griceの会話仮説理論はHorn（1972, 1989）やBrown and Levinson（1987）のような優れた研究成果をもたらし、語用論の方向性を与えてくれるものであったが、その問題点もまた指摘されてきた。Griceは「関連性」、「協調」、「簡潔性」、「必要とされる情報」、といった用語を用いているが、それらは定義されたものではないし、「文脈情報」がどのように用いられて含意が形成されるのかについても説明されていないし、公理の出所も説明されていない。また、意味論と語用論の境界についても、Griceが考えていたように単純なものかどうかは検討を要する問題である。

　Griceから大きな影響を受けながらも、単なる語用論ではなく、言語理論の枠組みからもはずれるほどの射程の大きさを持った、人間の認識・行動を捉える認知科学理論と考えるべき理論を提案したのがSperber and Wilson（1986, 1995）である。

　関連性理論は、コミュニケーションの根本原理は関連性の追求であるとする。話し手と聞き手の会話の目的はコミュニケーションの達成、つまり最適の関連性の伝達であると考える。これは、誤解を恐れず単

純化して言うなら、2節のGriceの（16）〜（19）の公理のなかで関連性の公理が最も根本的なものであるとも言える。さらに、関連性とは、文脈効果を上げることによって高められ、処理労力が上がると低くなるという文脈効果と処理労力の関数であると定義される。そこで、まずこの関連性という概念から理論を概観する。

4.1 関連性

Sperber and Wilson (1986, 1995) は、会話をしている人は互いに共通の知識・仮定・信条などを持っているが、この共有されている知識に何らかの新たな情報を付け加えてくれる発話は情報性があり (informative)、新たな情報を付け加えないものは情報性がないとする。さらに発言Pと発言Qが背景的知識と結合して、PとQどちらか一方だけからは引き出すことが出来ない新しい知識を生み出す時、PはQと関連している (relevant) と言う。発話が情報性があるということは、文脈含意 (contextual implications) がある、既存情報の強化 (strengthening of existing assumptions) がある、既存情報の排除 (elimination of existing assumptions) がある、のうちのどれかであり、これら3つをまとめて、**文脈効果** (contextual effect) があると言う。さらに、新情報は文脈効果があれば関連性があり、文脈効果が大きければ大きいほどより関連性が高いということになる。

そこで、Wilson and Sperber (1986) の次の例でA) 文脈含意がある、B) 既存情報の強化がある、C) 既存情報の排除があるの3つの場合を見てみる。

A) 文脈含意がある場合

朝おきた時、次のようなことを考えていた。（発話してもしなくてもいい。）

(65) If it's raining, I'll stay at home.

窓から外を見て次のことを見つける。

(66) It's raining.

すると、この場合、あなたは文脈となっている（65）の既存想定（existing assumption）だけから、または（66）の新情報だけからは推測できないが、（65）の既存想定と新情報（66）の両方から次の情報を推論できる。

(67) I'll stay at home.

ここで、(66) の新情報は、(65) の既存想定を含む文脈において上記のような推論を可能にさせたので関連性があると言える。つまり、(66) が (65) の文脈において (67) を文脈上含意しているわけである。したがって、新情報 (66) は、(65) の文脈で関連性があるのである。

B) 既存情報の強化がある場合

　我々は世界に関して様々な想定を抱いているが、その想定には強いものもあれば弱いものもある。確固たる証拠を持っていることもあれば、ただ何となく思っていることもある。ある朝あなたは目を覚まして、屋根の方から何か一定のパターンの音の連続（パラパラ...）が聞こえる。そこで、

(68) It's raining.

という仮説を形成する。それから目を開けて窓の外を見て

(69) It IS raining.（本当に雨が降っている。）［ISは強勢を受けたis］

ということを発見する。この時、(69) の新情報は (68) という既存の想定を強化してくれるので関連性があると言える。

C) 既存情報の排除がある場合

　今度も、ある朝あなたは目を覚まして、屋根の方から何か一定のパターンの音の連続（パラパラ...）が聞こえる。そこで、

　　　(70) It's raining.

という仮説を形成する。でも、それから目を開けて窓の外を見ると、その音は葉っぱが屋根に落ちる音だったということを発見する。つまり、

　　　(71) It's not raining.

である。この時、(70) の仮説と (71) の新情報は矛盾している。矛盾する2つの想定が出来た時は、そのうちの弱い方の想定が破棄されると考えられる。ここでは、(71) の新情報は (70) の古い想定に対して決定的な反証となるものなので、(70) の方が排除されることになる。そしてこの場合も (71) のような新情報は関連性があると言える。つまり、新情報は既存の想定と矛盾するような文脈で、その既存の想定を排除することになる場合も関連性があると言える。

　以上の3つの場合をまとめて、文脈効果があると言い、先に述べたように文脈効果が大きければ大きいほどより関連性が高いということになる。いずれの場合も新情報が関連するには推論が必要であり、何らかの文脈仮定に依存している。その上で他の方法では実行不可能な推論が行われているのである。

　しかし、以上の3つの文脈効果の場合の考察だけではうまく説明できない場合がある。それは、解釈を読みとろうとする努力の量にも関係してくる場合である。これは、情報の処理労力がかかればかかるほど関連性が低くなるという次の場合である。

D) 不必要な処理労力のかかる場合

　今度は、A) の場合のように、朝おきた時、次のようなことを考えていたとしてみよう。

(72) If it rains, I'll stay at home.

さらに、次の2つの場合のいずれかの場合になるとする。
(i) 窓の外を見て、

　　　(73) It's raining.

ということを発見する。または、
(ii) 窓の外を見て、

　　　(74) It's raining and there's a grass on the lawn.

ということを発見する。
　ここで、(74) より (73) の方が関連性が高いだろうと直感的に分かっても、文脈効果だけからは、(73) からも (74) からも同じ文脈効果、つまり、(75) という文脈含意が出てきて、どちらの場合も他には何の文脈効果も出てこない。

　　　(75) I'll stay at home.

したがって、文脈効果だけでは、(73) と (74) の関連性の違いが説明できない。この違いを説明するため、Wilson & Sperber (1986) は2節の (19) に挙げた様態の公理の背後にある直観を利用する。それは、話者は発話を理解しやすいものにすべきだということである。(73) も (74) も、(72) の文脈で同じ文脈効果しか持っていないのに、(73) の方が関連性が高く感じられるのは、(74) では、(73) と同じ情報だけでなくさらにもう一つの情報まで付けられているので、その分処理労力が余計にかかっていると言える。この余計な処理労力が (74) の情報の関連性を減らしているのである。
　それでは、言葉数が多すぎるとそれだけ処理労力がかかるので情報の関連性を低下させるかというと、実はこれの単純な形が2節の (19iii) に挙げた「短く言うこと（余計な言葉を使わないこと）」であ

ったわけだが、Griceの公理では「短く言うこと」という簡潔性 (brevity) がどのように定義されれるのかはっきりしなかったのに対して、Wilson & Sperber (1986) は処理労力の問題であるとはっきりさせている。そのため下記の、(76) (77) のような一見、音節あるいは語数が多い方が関連性が低く、少ない方が関連性が高いように思える例でも、実はその逆になるということが正しく説明できる。

    (76) I have no brothers or sisters.
    (77) I have no siblings.

(76) と (77) はほとんど同義で、(73) のsiblingという単語は「兄弟・姉妹」という意味の専門用語であるが、この単語は使用頻度の少ない専門的な単語であるため、たとえbrothers or sistersより短い単語であっても処理労力はかかるのである。このように、Griceにおいては簡潔性というアドホックな言語学的概念であったのに対して、処理労力というのは、少なくとも部分的には経験的に因果関係が知られている心理学的概念となっており、関連性理論はそれだけ明確な定義付けが得られる概念を用いてコミュニケーションが行われていることを説明できているのである。

4.2 関連性の原則

以上4つの場合から、新情報の関連性とは、文脈効果と処理労力という2つの観点から、次のように定義づけられる。

    (78) 関連性
        a. 他の点が同じであれば、文脈効果が高ければ高いほど情報の関連性は高い。
        b. 他の点が同じであれば、処理労力が低ければ低いほど情報の関連性は高い。

実は、人間は有限の情報処理力を持っていて、最大の関連性を求めよ

うとするもので、最もよい仕方で最もよい文脈で処理される場合には、処理労力に見合っていて最大の文脈効果が得られる現象に注意を向けるものであると考えられる。(78)のような関連性を最大限にしようとする性質は、発話のみならず、より一般的にいうと、人間の**意図明示的推論**によるコミュニケーション（ostensive-inferential communication）全般の性質である。例えば、上記A）−D）は、朝起きた時にあなたが抱いた想定と外界から得た情報によって生じた推論であって、発話したものでも頭の中で思ったことでもよい。Griceが考えたような話し手と聞き手の間の談話であろうと、一人の人間が頭の中で考えた考察であろうと、あるいは、目線や指さしや目配せやジェスチャーなどの**パラ言語学的**（paralinguistic）行為も含まれるコミュニケーションに関してであろうと、関連性の原理は成り立つ。したがって、関連性理論は、実は、次のような、人間の推論によるコミュニケーションに関わるあらゆる行為に関して成立するという、遙かに射程の広い原則を内包するものなのである。

(79) a. 関連性の認知原則
　　　　人間の認識は関連性を最大限にするようにできている。
　　 b. 関連性の伝達原則
　　　　全ての意図明示的伝達行為は、それ自身の最適の関連性の見込みを伝達する。

ここで、**最適の関連性の見込み**（presumption of optimal relevance）というのは、Sperber and Wilson（1995）によると次のようなことである。

(80) a. 意図明示的刺激は受け手がそれを処理する労力に見合うだけの関連性がある。
　　 b. 意図明示的刺激は伝達者の能力と優先事項に合致する最も関連性のあるものである。

(79) の原則は、(80) とあいまって、どんな発話も発話でないコミュニケーションも、必ず話し手と聞き手に見合った最適の関連性を持っているものと想定しながらなされ、それは人間の認識が常に関連性を最大限にしようと働いている原則があるからだということを述べている。ただし、このような原則があるからといって、常に唯一無二の関連性を持った発話の解釈が得られるというわけではない。話し手と聞き手は、発話の際の想定が間違っていたり、相手の意図を誤解していたり、誤解に気づかずコミュニケーションをしている場合もある。語用論的解釈は、究極的にはリスクを伴いながらも行われる**非論証的推論**（non-demonstrative inference）によるものであり、最適の解釈があっても、常に他の解釈があり得るということについては、現代のほとんどの語用論学者の意見が一致している。

　人間は常に関連性を最大にするように情報を処理しているといっても、外界の情報の中には常に注意を先取りするような情報がある。それらは、食欲を誘うような食べ物のにおい、明るい光、荒れ狂う火、高い騒音、赤ん坊の泣き声などであり、なかんずく人の発話である。発話が他の刺激とはっきり異なっているのは、**意図明示的刺激**（ostensive stimuli）であるという点である。つまり、その刺激の発生源は意図を持った生物であり、その生物は聞き手に自分は情報を伝えようとしているという意図を持っていることを認識させようとしているのである。そこでその認識を可能にしているのは、人の**心を読む能力**（mind-reading ability）という生得的能力である。これは人間のみならず犬や猿などの高等動物も持っている能力であるとされている。

　このようにコミュニケーションについて従来にない洞察を与えてくれる関連性理論では、詳述する紙幅がないが、発話行為理論が捉えようとした発話行為的解釈（間接的発語行為の解釈も含めて）や、Grice が捕らえようとした and などの会話の含意や、Horn (1972) の尺度的含意も、Carston (1988) 以来、**表意**（explicature）と呼ばれる発話の論理形式から発展させられた含意の一種として説明されている。

Griceが会話の含意として説明しようとした多くの例は、この表意からさらに語用論的推論によって導き出される**推意**（implicature）として説明される。このように、各段階で関連性の原則が働きながら、最終的に話し手の意図と推論される解釈にたどり着くのである。こうして関連性理論は、現代の語用論で最も有力な理論として広範な言語事実に対する一貫した説明を与え、また認知科学全体へ影響を及ぼす原則を提起しながら発展している。

参考文献(＊は推薦図書を示す)

Austin, John L. (1962) *How to do Thing with Words.* Harvard University Press, Cambridge, Mass. (坂本百大(訳)『言語と行為』、大修館書店、1978)

Brown, Penelope and Stephen C. Levinson (1978) "Universals in Language Usage: Politeness Phenomena." *Questions and Politeness: Strategies in Social Interaction*, ed. by Esther N. Goody, 56-289, Cambridge University Press.

＊Brown, Penelope and Stephen C. Levinson (1987) *Politeness: Some Universals in Language Use*, Cambridge University Press.

Carston, Robyn (1988) "Implicature, Explicature, and Truth-theoretical Semantics." *Mental Representations: The Interface between Language and Reality*, ed. by Ruth M. Kempson, 155-181, Cambridge University Press.

Goffman, Erving (1967) *Interaction Ritual: Essays on Face-to-Face Behaviour.* Penguin Books, London. (浅野敏夫(訳)『儀礼としての相互行為――対面行動の社会学』、法政大学出版局、2002)

Grice, Paul H. (1967) *Logic and Conversation.* Unpublished Manuscript, from the William James Lectures 1967, Harvard University.

＊Grice, Paul H. (1975) "Logic and Conversation," *Syntax and Semantics 3: Speech Acts*, ed. by Peter Cole and Jerry Morgan, 41-58, Academic Press, New York. (清塚邦彦(訳)「論理と会話」、『論理と会話』、31-59、勁草書房、1998)

Habermas, Jürgen (1981) *Theorie des kommunikativen Handelns, Bde. 1-2*, Suhrkamp Verlag, Ffm. (河上倫逸・M・フーブリヒト・平井俊彦・藤沢賢一郎・岩倉正博・徳永恂・平野嘉彦・山口節郎・丸山高司・丸山徳次・厚東洋輔・森田数実・馬場孚瑳江・脇圭平(訳)『コミュニケーション的行為の理論』、上中下3巻、未来社、1987)

＊Horn, Lawrence (1972) *On the Semantic Properties of Logical Operators in English.* Ph.D. disseratation, University of Califonia, Los Angels. Reproduced by Indiana University Linguistics Club, 1976.

Horn, Lawrence (1989) *A Natural History of Negation.* University of Chicago Press.

井出祥子 (1987)「現代の敬語理論——日本と欧米の包括へ——」、『言語』、16、8、26-31。

Ide, Sachiko (1989) "Formal Forms and Discernment: Two Neglected Aspects of Universals of Linguistic Politeness," *Multilingua*, 8-2/3, 223-248.

井出祥子・荻野綱男・川崎晶子・生田少子(1986)『日本人とアメリカ人の敬語行動—大学生の場合—』、南雲堂。

今井邦彦(編)(1985)『英語学コース3　英語変形文法』、大修館書店。

Lakoff, Robin (1975) *Language and Woman's Place*. Harper & Row, New York. (かつえ・あきば・れいのるず・川瀬裕子(訳)『言語と性：英語における女の地位』、有信堂、1985)

Leech, Geoffrey N. (1983) *Principles of Pragmatics*. Longman, London. (池上嘉彦・河上誓作(訳)『語用論』、紀伊國屋書店、1977)

Levinson, Stephen C. (1983) *Pragmatics*. Cambridge University Press. (安井稔・奥田夏子(訳)『英語語用論』、研究社出版、1990)

Ross, John R. (1973) "Nouniness." *Three Dimensions of Linguistic Theory*, ed. by Osamu Fujimura, 137-257, TEC Company, Tokyo.

Searle, John R. (1969) *Speech Acts: An Essay in the Philosophy of Language*. Cambridge University Press. (坂本百大・土屋俊(訳)『言語行為：言語哲学への試論』、勁草書房、1986)

＊ Sperber, Dan and Deirdre Wilson (1986, 1995^2) *Relevance: Communication and Cognition*, Blackwell, Oxford. (内田聖二・中逵俊明・宋南先・田中圭子(訳)『関連性理論：伝達と認知』(初版・第二版)、研究社、1993、1999^2)

Tarski, Alfred (1944) "The Semantic Conception of Truth and the Foundations of Semantics." *Philosophical Phenomenological Research* 4, 341-376. (飯田隆(訳)「真理の意味論的観点と意味論の基礎」、坂本百大(編)『現代哲学基本論文集Ⅱ』、51-120、1987)

Wilson, Deirdre and Dan Sperber (1986) "Pragmatics and Modularity." *Parasession on Pragmatics and Grammatical Theory*, Chicago Linguistics Society, 22, 67-84.

Weber, Max (1922) *"Soziologische Grundbegriffe." Wirtschaft und Gesellschaft*, J. C. Mohr, Tübingen.（清水幾太郎（訳）『社会学の根本概念』、岩波書店、1972）

Wittgenstein, Ludwig (1921) *Tractatus Logico-Philosophicus*. Routledge & Kegan Paul, London.（奥雅博（訳）「論理哲学論考」、山本信・大森荘蔵（編）『ウィトゲンシュタイン全集1』、1-120、大修館書店、1975）

Wittgenstein, Ludwig (1953) *Philosophical Investigations*. Blackwell, London.（藤本隆志（訳）「哲学探究」、山本信・大森荘蔵（編）『ウィトゲンシュタイン全集8』、1-462、大修館書店、1976）

索　引

<あ>

あいまい (vague)：126
「明るいl」(clear l)：70
アクセント (accent)：74
アクセントのある (accented)：74
r二重母音 (r-diphthong)：66
yes-no疑問文：26
異音 (allophone)：54
異化 (dissimilation)：73
息 (breath)：60
意義群 (sense-group)：84
一致 (Agree)：16
一般的 (general)：59
一般米語 (General American、略 GA)：59
意図 (intention)：127
意図明示的刺激 (ostensive stimuli)：194
意図明示的推論によるコミュニケーション (ostensive-inferential communication)：192
EPP素性：36, 40, 43, 46
異分析：119
意味素性 (semantic feature)：128
意味内容 (sense)：130
意味論 (semantics)：123
意味論的含意 (semantic entailment)：164
(意味論的) 含意 (entailment)：125
隠在的な空の補文標識：37
「イントネーション」：80
韻律音韻論 (metrical phonology)：53
韻律外性 (extrametricality)：76

韻律格子 (metrical grid)：87
韻律樹 (metrical tree)：87
埋め込み節 embedded clause (＝従属節)：9
Xバー式型 (X-bar schema)：13
Xバー理論 (X-bar Theory)：13
N'(Nバー)：11
NP：40
NP移動 (NP-movement)：43
円唇母音 (rounded vowel)：62
大きさ (loudness)：74
置き換え可能性の原則 (principle of substitutability)：131
音韻規則 (phonological rule)：86
音韻素性 (phonological feature)：86
音韻論 (phonology)：51
音響音声学 (acoustic phonetics)：52
音声 (speech sound)：51
音声学 (phonetics)：51
音声器官 (vocal organs)：52
音声記号 (phonetic symbol)：51
音声形 (phonetic form)：86
音声的類似 (phonetic similarity)：55
音節 (syllable)：54, 56
音節核音 (syllable nucleus)：56
音節主音：56
音節主音的子音 (syllabic consonant)：58
音節副音 (syllable marginal)：56
音節量 (syllable weight)：58
音素 (phoneme)：53
音素的対立 (phonemic opposition)：54
音素論 (phonemics)：52
音調 (intonation)：80

音調音韻論（intonational phonology）：89
音調曲線（(intonation) contour）：91
音調句（intonational phrase）：80, 83
音調層（tonal tier）：94
音調付加部（intonational tag）：90
音調平面（tonal plane）：94
音波（speech wave）：51
音律（prosody）：61
音律音韻論（prosodic phonology）：89
音律階層（prosodic hierarchy）：89

<か>

下位語（hyponym）：125
下接の条件：40
下接の条件（Subjacency Condition）：39, 40
家族的類似（family resemblance）：144
河口域英語（Estuary English）：59
会話の含意（conversational implicature）：160
会話仮説理論（conversational hypothesis theory）：153
開音節（open syllable）：57
階層的（hierarchical）：56
階層的素性配列理論（feature geometry）：87
外延（denotation）：129
外心構造（exocentric structure）：15
外心複合語（Exocentric Compound）：117
概念（concept）：127
概念意味論（conceptual semantics）：128
概念構造（conceptual structure：CS）：138
拡大投射原理（Extended Projection Principle: EPP）：17
格素性（Case feature）：16
核（nucleus）：83
核強勢規則（Nuclear Stress Rule、略 NSR）：88
頭文字語：120
価値合理的行為：186
可能世界（possible world）：133
感情的行為：186
関数一項構造（function-argument structure）：134
関数構造（functional structure）：134
間接的発話行為（indirect speech act）：157
完全母音（full vowel）：74
関連性理論（relevance theory）：128, 153
記号論（semiotics）：123
気息（aspiration）：53
基体（base）：104
基底形（underlying form）：86
基本母音（Cardinal Vowels）：62
機能語（function word）：78
機能的形態素（functional morpheme）：103
疑問節（interrogative clause）：9
脚（foot）：77
脚韻部（rhyme）：56
逆行同化（regressive assimilation）：73
逆成：119
旧情報（old information または given information）：80
強音節（salient syllable）：77
強音部（ictus）：77
強形（strong form）：79

強勢（stress）：54, 74
強勢アクセント（stress accent）：75
強勢移動（stress shift）：88
強勢がある（stressed）：74
強勢がない（unstressed）：74
強勢拍リズム（stress-timed rhythm）：77
強勢平面（stress plane）：94
境界調子（boundary tone）：95
共鳴音（sonorant）：69
協調の原則（Cooperative Principle）：160
局所性条件（Locality Condition）：28, 37
気流（air stream）：60
緊張母音（tense vowel）：63
句（phrase）：2
句アクセント（phrase accent）：95
句調子（phrase tone）：95
屈折接辞（inflectional affix）：103
屈折接辞（inflectional suffix）：107
「暗いl」（dark l）：70
クラスI接辞（class I affix）：105
クラスII接辞（class II affix）：105
繰り上げ（raising）：46
繰り上げ構文（raising construction）：45
繰り上げ述語（raising predicate）：46
繰り返し的性質（recursiveness）：108
軽音節（light syllable）：58
形式意味論（formal semantics）：128
継続音（continuant）：68
形態素（morpheme）：103
形態論（morphology）：103
言語ゲーム（language game）：153
言語行為領域（speech act domain）：149－150
厳密階層仮説（strict layer hypothesis）：90
原理（principle）：89
語彙的形態素（lexical morpheme）：103
語彙目録（lexicon）：74
項（argument）：93
行為遂行的発話（performative utterance）：154
行為遂行文（performative sentence）：154
好韻律性（eurhythmy）：89
合成語（complex word）：102
硬口蓋音（palatal）：68
項構造（argument structure）：93
構造主義言語学（structural linguistics）：123
構造上の曖昧性（structural ambiguity）：25
拘束形態素（bound morpheme）：103
構成性の原理（principle of compositionality）：131
構成素（constituent）：3, 56
構成素統御（constituent-command: c統御）：21
後舌母音（back vowel）：62
喉頭（larynx）：60
後部歯茎音（post-alveolar）：68
高母音（high vowel）：62
公理（maxim）：160
声（voice）：60
声の質（voice quality）：83
呼格（vocative）：90
語幹（stem）：104
呼気段落（breath group）：84
語強勢（word stress）：58

語強勢（word stress または lexical stress）：74
語形成（word-formation）：103
国際音声学協会（the International Phonetic Association、略IPA）：51
国際音声字母（the International Phonetic Alphabet、略IPA）：51
心を読む能力（mind-reading ability）：83
語末から三番目の（antepenultimate）：75
語末から二番目の（penultimate）：75
語末第三音節（antepenult）：75
語末第二音節（penult）：75
語用論（pragmatics）：123
根源的意味（root sense）：148
根源的法性（root modality）：149
混成：120
痕跡（trace）：2
根文（root sentence）：90

<さ>

最後の手段（last resort）：33
最小対立（minimal pair contrast）：54
最小対立項（minimal pair）：54
最小投射（minimal projection）：13
最大投射（maximal projection）：14
最適の関連性の見込み（presumption of optimal relevance）：193
最適性理論（Optimality Theory、略OT）：53
ささやき声（whisper）：60
子音（consonant）：62
子音韻律外性（Consonant Extrametricality）：76
歯音（dental）：67
歯間音（interdental）：68

弛緩母音（lax vowel）：63
歯茎音（alveolar）：67
思考過程（thought processes）：146
指示的（referential）：9
事実記載的発話（constative utterance）：155
事実記載文（constative sentence）：155
指示物（reference）：127
指小辞（diminutive suffix）：115
持続時間（duration）：74
時制句（Tense Phrase: TP）：15
時制素性（Tense feature）：16, 29
指標（index）：2
指定部（specifier）：13
姉妹（sister）：21
島：38
島の制約（Island Constraints）：38
弱音節（weak syllable）：78
弱音部（remiss）：78
弱化母音（reduced vowel）：74
弱強反転規則（iambic reversal）：88 － 89
弱形（weak form）：79
尺度的含意（scalar implicature）：165
尺度的表現（scalar expression）：164
Jakobson, Roman：52
重音節（heavy syllable）：58
修辞学（rhetoric）：146
修飾関係：25
周波数（frequency）：74
樹形図（tree diagram）：7
主語条件（Subject Condition）：39
主語・助動詞倒置（subject-auxiliary inversion: SAI）：26
述語論理（predicate logic）：134
述部（predicate）：93

索引　203

主要部（head）：12
主要部の原理（Headedness Principle）：14
主要部移動（head movement）：27
自由形態素（free morpheme）：103
自由変異（free variation）：55
シュワー（schwa）：65
循環的（cyclic）：92
順序付けのパラドックス（Ordering Paradox）：110
上位語（hyperonym または superordinate word）：125
上下関係（hyponymy）：125
状態動詞（stative verb）：146
焦点（focus）：4
衝突（clash）：89
情報の焦点（focus）：92
序列化（ranking）：96
自律分節音韻論（autosegmental phonology）：53
唇歯音（labiodental）：67
新情報（new information）：80
真理条件（truth conditions）：132
真理条件意味論（truth-conditional semantics）：132
真理条件的意味（truth-conditional meaning）：156
進行同化（progressive assimilation）：72
推意（implicature）：194
スケルトン（skeleton）：94
生成音韻論（generative phonology）：51
生成文法（Generative Grammar）：1
声帯（vocal cords）：60
声門（glottis）：60
声門音（glottal）：68
制約（constraint）：96

整列（alignment）：97
接近音（approximant）：69
接辞（affix）：27, 103
節点（node）：7
接頭辞（prefix）：103
接尾辞（suffix）：103
狭い焦点（narrow focus）：93
線状音韻論（linear phonology）：53
ゼロ派生（Zero Derivation）：116
全称量化子（universal quantifier）：135
先進的（advanced）：59
前舌母音（front vowel）：62
前置（preposing）：5
前提（presupposition）：126
層（tier）：94
相互排除的（mutually exclusive）：55
相対的卓立（relative prominence）：87
相補分布（complementary distribution）：55
阻害音（obstruent）：68
側面音（lateral）：70
側面接近音（lateral approximant）：70
阻止：119
反り舌のr（retroflex r）：69
存在量化子（existential quantifier）：135

＜た＞

第一姉妹の原理（First Sister Principle）：118
帯気（aspiration）：53
帯気音の（aspirated）：53
対照強勢（contrastive stress）：92
高さ：74
高さ変動域（pitch range）：83

多義性 (polysemy)：126
卓立 (prominence)：74
多項的 (n-ary)：87
多重wh疑問文：37
他動性 (transitivity)：146
単一母音 (monophthong)：63
単音 (phone)：53
弾音化 (flapping)：54
単純語 (simplex word)：102
脱落 (elision)：73
wh移動 (wh-movement)：35
wh島の制約 (Wh-island Constraint)：39
談話表示理論 (discourse representation theory)：136
談話文法 (discourse grammar)：136
チェックリスト意味論 (checklist theory of meaning)：128
着地点 (landing site)：26
中間投射 (intermediate projection)：13
中高母音 (mid-high vowel)：62
忠実性 (faithfulness)：96
中舌母音 (mid vowel)：62
中低母音 (mid-low vowel)：62
調音 (articulation)：52
調音位置 (place of articulation)：67
調音音声学 (articulatory phonetics)：52
調音様式 (manner of articulation)：67
聴覚音声学 (auditory phonetics)：52
調子 (tone)：83
調子単位 (tone-unit)：84
超重音節 (superheavy syllable)：58
超分節的 (suprasegmental)：61
長母音 (long vowel)：58
チョムスキー，ノーム (Chomsky Noam)：1

陳述文 (statement)：153
通常の強勢 (normal stress)：91
つぶやき声 (murmur)：60
強さ (intensity)：74
定形節 (finite clause)：10
低母音 (low vowel)：62
TP：40
適格性 (well-formedness)：96
適切性の条件 (felicity conditions)：155
伝統的行為：186
等位構造制約 (Coordinate Structure Constraint)：39
同化 (assimilation)：72
同義 (synonymy)：124
統語範疇 (syntactic category)：8
統語：123
統語論 (syntax)：1
頭子音 (onset)：56
等時間隔性 (isochronyまたはisochronism)：78
投射 (projection)：13
投射世界 (projected world)：137
doによる支え (do-support)：33
do挿入 (do-insertion)：33
特定的 (specific)：9
Trubetzkoy N.S.：52

<な>

内集団 (in-group)：170
内心構造 (endocentric structure)：14
内心複合語 (Endocentric Compound)：117
内包 (connotation)：130
内包論理学 (intensional logic)：136
内容語 (content word)：78
内容領域 (content domain)：149

長さ（length）：74
軟口蓋音（velar）：68
二義性（ambiguity）：126
二項枝分かれの原理（Binary Branching Principle）：7
二項素性（binary feature）：86
二項対立（binary opposition）：86
二重母音（diphthong）：58, 63
日常言語哲学（ordinary language philosophy）：153
認識（cognition）：127
認識的意味（epistemic sense）：148
認識的法性（epistemic modality）：149
認識領域（cognitive domain）：149
認知意味論（cognitive semantics）：128
認知科学（cognitive science）：141
認知心理学（cognitive psychology）：141
認知制約（cognitive constraint）：137
ネガティブ・フェイス（negative face）：168
ネットワーク・アクセント（Network accent）：59
ネットワーク英語（Network English）：59

＜は＞

肺（lung）：60
派生（derivation）：86, 104
派生接辞（derivational affix）：103
破擦音（affricate）：69
「働きかけ」：186
発話行為（speech act）：81
発語行為（locutionary act）：155
発話行為論（speech act theory）：153
発語内行為（illocutionary act）：156
発語内的力（illocutionary force）：156
発話内の力（illocutionary force）：81
発語媒介行為（perlocutionary act）：156
パラ言語学的（paralinguistic）：192－193
パラ言語学的特徴（paralinguistic feature）：82－83
パラメータ（parameter）：89
半母音（semi-vowel）：71
反意（antonymy）：124
範疇化（categorization）：142
BBC英語（BBC English）：59
非円唇母音（unrounded vowel）：62
鼻音（nasal）：69
鼻音層（nasal tier）：94
非現実節（irrealis clause）：10
鼻腔閉鎖音（nasal stop）：69
尾子音（coda）：56
非真理条件的意味（non-truth-conditional meaning）：159
非線状音韻論（nonlinear phonology）：53
左枝分かれ条件（Left Branch Condition）：39
ピッチ（pitch）：74
ピッチアクセント（pitch accent）：75, 95
非定形節（non-finite clause）：10
否定辞句（Negative Phrase: NegP）：31
表（tableau）：97
表意（explicature）：194
標示付き括弧（labelled bracket）：7
広い焦点（broad focus）：91
非論証的推論（non-demonstrative

inference）：193
φ素性（φ—features）：16, 29
V'（Vバー）：11
Vは短母音（short vowel）：58
フェイス侵害行為（Face Threatening Act: FTA）：168
不確定性（indeterminacyまたはunderdeterminacy）：164
付加部（adjunct）：13
付加部条件（Adjunct Condition）：39
不完全指定理論（underspecification theory）：87
複合語（compound word）：102
複合語強勢規則（Compound Stress Rule、略CSR）：88
複合名詞句制約（Complex NP Constraint）：38
プラーグ学派（Prague school）：52
+Q（estion）：27
[+WH] 素性：36
プロトタイプ（prototype）：141
プロトタイプ効果（prototype effect）：144
文アクセント（sentence accent）：74
文強勢（sentence stress）：74
分節音（segment）：53, 61
分節層（segmental tier）：94
分節平面（segmental plane）：94
文文法（sentence grammar）：136
文法制約（grammatical constraint）：137
文法範疇（grammatical category）：8
文脈効果（contextual effect）：188
分裂文（cleft sentence）：4
閉音節（closed syllable）：57
併合（Merge）：2
閉鎖音（stop）：68
平叙節（declarative clause）：9

平板調（level tone）：83
平面（plane）：94
弁別的素性（distinctive feature）：86
Halle, Morris：52
母（mother）：21
母音（vowel）：62
法性（modality）：148
ポジティブ・フェイス（positive face）：168
保守的（conservative）：59
ボトムアップの原理（Bottom-up Principle）：7
補部（complement）：12 — 13
ポライトネス（politeness）：167
ポライトネスの理論（politeness theory）：153
ポライトネス方策（politeness strategy）：168

＜ま＞

摩擦音（fricative）：68
右側主要部の規則（Right-hand Head Rule: RHR）：112
ミニマリスト・プログラム（Minimalist Program）：1
無音強勢（silent stress）：77
無開放の（unreleased）：55
無気音の（unaspirated）：53
矛盾（contradiction）：125
無声（voiceless）：60
無声音（voiceless sound）：60
無声化（devoicing）：71
無標の（unmarked）：97
命題論理（propositional logic）：133
メタファー（metaphor）：141
モーラ（mora）：57
モーラ拍リズム（mora-timed rhythm）：77

目的合理的行為：186
モデル理論（model theory）：133

＜や＞

有限状態文法（finite state grammar）：95
融合同化（coalescent assimilation）：73
有声（voiced）：60
有声音（voiced sound）：60
有声化（voicing）：71
有標性（markedness）：97
容認発音（Received Pronunciation、略RP）：59
「抑揚」：80

＜ら＞

リズム規則（Rhythm Rule）：89
隆起のr（bunched r）：69
両唇音（bilabial）：67
例外的格付与（Exceptional Case Marking: ECM）：19
レキシコン（lexicon）：104
連結線（association line）：94
連続循環移動（successive cyclic movement）：40

＜わ＞

わきまえ（descernment）：186
話順交替（turn-taking）：81
わたり音（glide）：71

〈編著者紹介〉
西原哲雄（にしはら　てつお）宮城教育大学教授
松原史典（まつばら　ふみのり）高知大学准教授
南條健助（なんじょう　けんすけ）桃山学院大学准教授
豊島庸二（とよしま　ようじ）甲南大学非常勤講師
高橋　潔（たかはし　きよし）宮城教育大学教授

ことばの仕組み
―最新英語言語学入門―

2005年3月1日　初版発行
2013年9月5日　重版発行

編著者	西　原　哲　雄
	松　原　史　典
	南　條　健　助
	豊　島　庸　二
	高　橋　　　潔
発行者	福　岡　正　人
発行所	株式会社　金　星　堂

（〒101-0051）東京都千代田区神田神保町3-21
Tel. 営業部(03)3263-3828　編集部(03)3263-3997　Fax.(03)3263-0716
E-mail: 営業部 text@kinsei-do.co.jp

編集担当　佐藤　求太
印刷所／倉敷印刷　製本所／松島製本
落丁・乱丁本はお取り替えいたします

ISBN978-4-7647-0979-9　C1082